शिवप्रसाद बागड़ी

प्रसिद्ध लेखक-कवि शिवप्रसाद बागड़ी पेशे से अध्यापक रहे। वे प्रधानाचार्य के पद से सेवानिवृत्त हुए। उन्होंने एक दर्जन से अधिक पुस्तकों का लेखन किया है जिनमें प्रमुख हैं—'अच्छा वक्ता कैसे बनें?', 'अध्ययन कैसे करें?' उन्हें महाराष्ट्र राज्य हिन्दी साहित्य अकादमी द्वारा 'नामदेव पुरस्कार' से सम्मानित किया जा चुका है।

अच्छा वक्ता कैसे बनें?

शिवप्रसाद बागड़ी

राधाकृष्ण पेपरबैक्स

राधाकृष्ण पेपरबैक्स में
पहला संस्करण : 2001
दसवाँ संस्करण : 2024

राधाकृष्ण पेपरबैक्स : उत्कृष्ट साहित्य के जनसुलभ संस्करण

राधाकृष्ण प्रकाशन प्राइवेट लिमिटेड
जी-17, जगतपुरी, दिल्ली-110 051
द्वारा प्रकाशित

शाखाएँ : अशोक राजपथ, साइंस कॉलेज के सामने, पटना-800 006
पहली मंजिल, दरबारी बिल्डिंग, महात्मा गांधी मार्ग, प्रयागराज-211 001
1, अनमोल सोराबजी संतुक लेन, धोबी तलाव, मरीन लाइंस, मुम्बई-400 002
वेबसाइट : www.radhakrishnaprakashan.com
ई-मेल : info@radhakrishnaprakashan.com

बी.के. ऑफसेट
नवीन शाहदरा, दिल्ली-110 032
द्वारा मुद्रित

मूल्य : ₹ 199

ACHCHHA VAKTA KAISE BANEIN?
by Shivprasad Bagri

ISBN : 978-81-7119-866-5

पूर्व कथ्य

हिन्दी में भाषण-कला के लिए सही दिशा-निर्देश करनेवाली यह पहली पुस्तक है। परतन्त्रता के काल में मैकॉले-शिक्षा-पद्धति में यह विषय निषिद्ध था। भारतीयों में इस कला का विकास राष्ट्रीय जागरण का माध्यम बने, यह ब्रितानी भला क्यों चाहते !

विचारणीय यह है कि आजादी की अर्धशती के बाद भी हमने इस विषय की उपेक्षा की है। पाठ्यक्रम में वक्तृत्व-कला सिखाने की कोई व्यवस्था आज भी नहीं है।

विद्यार्थी तो विद्यार्थी प्रायः शिक्षक और उच्चपदासीन लोग भी भाषण देने की स्थिति में स्वयं को अयोग्य पाते हैं।

वस्तुतः भाषण देने की क्षमता का विकास हमारे व्यक्तित्व का विकास है। प्रभावशाली वक्तृत्व श्रोताओं को वक्ता के प्रति अल्पतम अवधि में ही अभिभूत कर प्रशंसा से भर देता है। जीवन में सफलता, मान्यता और आस्था को केन्द्र बनाने के लिए इस कला की साधना आवश्यक है। हम वक्तृत्व-कला की साधना में पठन, मनन, चिन्तन और अभिव्यक्ति की प्रभविष्णुता की वृद्धि की साधना भी करते हैं।

वस्तुतः वक्तृत्व-शक्ति का विकास एक व्यापक, सर्वग्राही शक्ति की सम्पन्नता है।

भाषण-कला पर लिखी यह पुस्तक पाठक को ऐसे रहस्यों से परिचित कराती है, जिसे जानकर वह उत्तम वक्ता बन सकता है। इस पुस्तक को पढ़नेवाला भाषण देने से कभी नहीं कतराएगा।

क्रम

अच्छा वक्ता कैसे बनें ?

अध्याय : एक

आप भी अच्छे वक्ता बन सकते हैं

मनोविज्ञान और तर्क की कसौटी पर कसकर परखा गया है कि उत्तम वक्ता बनना हर किसी के लिए पूरी तरह सम्भव है। जो व्यक्ति अपनी भाषा में अपने विचार व्यक्त कर सकता है, वह एक व्यक्ति हो या समूह, हर स्थिति में अपने विचार प्रगट करने की क्षमता से युक्त होता ही है। इसलिए यह कहना गलत नहीं है कि हर कोई उत्तम वक्ता बनने की क्षमता रखता है।

प्रायः यह देखा जाता है कि भाषण देने की स्थिति में माइक के सामने खड़े होते ही अच्छों-अच्छों को घबराहट होने लगती है। पसीना छूटने लगता है, पैर काँपने लगते हैं, दिल की धड़कन बढ़ जाती है, मुँह सूखने लगता है और जबान हिलने से मना कर देती है।

आखिर क्या बात है कि जो बातें, कुर्सी पर बैठकर गप्प हाँकते समय, आप अपने मित्रों से अनौपचारिक रूप में कह सकते हैं, वही खड़े रहकर, माइक के सामने, एक सभा में कहने में आपको संकोच होता है। फर्क इतना है कि एक जगह आप बैठकर बोल रहे थे, अब खड़े होकर औपचारिक रूप से कहना है। एक जगह आपको सुननेवाले एक या उससे अधिक आत्मीय थे, लेकिन अब एक बड़े समूह को सम्बोधित करना है। फर्क बहुत बड़ा नहीं है।

बैठने की बजाय खड़ा होना और एक की बजाय अनेक श्रोताओं से बात करना, इतना कठिन तो नहीं कि हम उससे इतना घबराएँ, इतना डरें कि जीवन-भर केवल श्रोता बने रहें। सामान्य व्यक्ति तो वक्ता बनकर जनमान्यता को प्राप्त हों, ऊँचे स्थान ग्रहण करें और हम श्रोता बने ऐसे सामान्य व्यक्तियों से आम श्रोता बनकर निर्देश ग्रहण करें।

हमें अपने संकोच और भीरुता के प्रति सोचना होगा। दरअसल इसके कारणों का विवेचन करने पर ही उनका निवारण सम्भव होगा। आइए सोचें,

वे कारण कौन से हैं ?

शिक्षा-पद्धति का दोष

भारतीय शिक्षा-पद्धति का यह बहुत बड़ा दोष है कि विद्यालयों में भाषण देना नहीं सिखाया जाता।

वक्तृत्व शक्ति का विकास मनुष्य के व्यक्तित्व, उसकी सफलता और प्रभविष्णुता को प्रभावित करता है। हमारे देश के साथ दुर्भाग्य यह जुड़ गया कि परतन्त्रता के समय से ही तत्कालीन शिक्षा-विज्ञ मैकॉले नहीं चाहता था कि गुलाम देश भारत में असरदार वक्ता पैदा किए जाएँ। परिणामतः शिक्षा का 'पैटर्न' ही ऐसा गढ़ा गया कि यहाँ 'कहनेवालों' से 'सुननेवाले' ज्यादा हों। इस अंग्रेजी शिक्षा-नीति का ही परिणाम है कि आज भी भाषण-कला और उसकी तकनीक से सम्बन्धित कोई प्रशिक्षण हमारी वर्तमान शिक्षा-प्रक्रिया में शामिल नहीं है। वह भी तब जबकि हमने शिक्षा को छात्र के सर्वांगीण विकास का माध्यम स्वीकार किया है। यही कारण है कि ऊँचे-से-ऊँचा शिक्षित व्यक्ति भी जनसमूह को सम्बोधित कर कुछ कह पाने में असमर्थ दिखाई देता है। यहाँ तक कि लम्बे समय से पढ़ानेवाले शिक्षक भी भाषण देने का साहस नहीं करते।

भाषण देने के प्रसंग बहुत कम

भाषण देने के प्रसंग भी बहुत कम ही होते हैं। इसलिए जब किसी को भाषण देने का अवसर मिलता है, वह टाल जाता है। अधिकतर वक्ता वे ही हैं जो राजनीति करते हैं या धार्मिक प्रवचन।

साहित्य और प्रशिक्षक का अभाव

वक्तृत्व पर विदेशी भाषाओं में कई पुस्तकें उपलब्ध हैं, लेकिन हिन्दी में इनका सर्वथा अभाव है। भारतीय वातावरण के जनमत और स्वदेशी तौर-तरीकों से सम्पन्न अभिमत को प्रभावित करने में विदेशी पुस्तकें अक्षम होती हैं। ऐसी दशा में भारतीय वातावरण को ध्यान में रखकर सम्बन्धित साहित्य देना आवश्यक है।

भाषण देने का प्रशिक्षण चलानेवाले 'कोच' भी अलभ्य हैं। व्यक्तित्व विकास के नाम पर 'क्लासेस' चलानेवाले भी इसकी तकनीक से अनभिज्ञ होते हैं।

वस्तुतः यह भय और संकोच निराधार होता है कि कहीं हम उपहास का कारण न बन जाएँ। इससे मुक्त होना कठिन नहीं है। किसी नवीन वक्ता को पहली बार बोलने का प्रयास करते समय हाल-बेहाल होता देख हम वैसी स्थिति में स्वयं को डालने से प्रायः घबराते हैं। ऐसी स्थिति में जब प्रारम्भिक प्रयास ही नहीं किया जाता तो उस विषय से अवगत कैसे हुआ जा सकता है ? तैरनेवाला डूबने के भय से, या साइकिल चलानेवाला गिरने के भय से आक्रान्त हो तो क्या तैरना या साइकिल चलाना सीख पाएगा ? कदापि नहीं।

अपने अड़तीस वर्षीय शैक्षिक जीवन में मैंने कई वक्ताओं के भाषण सुने और प्रसंगों पर भाषण भी दिए हैं। अपने अनुभव के आधार पर भाषण-कला और तकनीक पर कुछ लिखने से पूर्व अनेक पुस्तकों का अध्ययन भी किया है। जब-जब अपने छात्रों को इस विषय में प्रशिक्षित करने का अवसर आया, मुझे पर्याप्त सफलता मिली है। मैं चाहता हूँ, उन नवीन वक्ताओं को भी इस विज्ञान के प्रति कुछ निर्देश और सुझाव दूँ जो पहले इसके तकनीकी रहस्यों को समझें और फिर इसे कला के रूप में विकसित कर श्रेष्ठ वक्ता के रूप में अपना मार्ग प्रशस्त करें।

तो आइए, उक्त कठिनाइयों की दीवारें तोड़ें। मनोवैज्ञानिक दृष्टि से ये दीवारें रेत की ही कही जानी चाहिए।

अपरिचय का भ्रम : भाषण देने से पूर्व की घबराहट यह उस व्यक्ति जैसी घबराहट है जो पानी में कूदने से डरता है। तैरने की पूरी योग्यता होने पर भी वह डरता है। ऐसे में यदि एक बार कूद पड़े तो फिर बार-बार कूदने लगता है। कूदने की 'उत्तेजना' का आनन्द उसे बार-बार कूदने की प्रक्रिया से जोड़ता है। यही बात भाषण के लिए भी सही है।

दस वर्ष पूर्व मेरा एक पुराना छात्र मुझे मिला था। वह विद्यार्थी अवस्था में अत्यन्त भीरु, शर्मीला और अन्तर्मुखी था। संवेदनशील होने से कक्षा में अकेला पीछे की ओर बैठा रहता कि कोई उसे अपमानित न करे। शिक्षकों से बचने के लिए अन्य छात्रों की आड़ लिये रहता। खेलकूद में भी हिस्सा न लेता। शिक्षा पूरी करने के पश्चात् पता नहीं किस प्रेरणा से नगर-परिषद के चुनाव में जीत गया। भाषण तो देता न था, परन्तु प्रचार के बल पर छोटे से मुहल्ले में अपने सज्जन परिवार के रहते बड़ी सरलता से उसे विजय मिली।

निर्वाचित सदस्यों में वही सबसे अधिक शिक्षित और योग्य था। उसके अध्यक्ष निर्वाचित होने की सम्भावना बन रही थी। इसके लिए यह आवश्यक था

कि यह अपनी नेतृत्व-क्षमता, संगठन-योग्यता और सामंजस्यपूर्ण वैचारिकता को प्रगट करे। यह तभी सम्भव था जब वह नगर-परिषद की उस सभा में वक्तृत्व-शक्ति से अपने गुणों को प्रगट कर सके।

भाषण देने की अक्षमता उसने मेरे पास आकर प्रकट की। सम्बोधित करने के लिए मिला चार-पाँच दिन का समय पर्याप्त था। मैंने उसकी मदद की। आज वह नगर का श्रेष्ठ वक्ता है। धाराप्रवाह वक्तृता से जनसमूह को बहा ले जाने की क्षमता से सम्पन्न वह नेता अपने ही नहीं, मेरे भी आत्मविश्वास का, श्रेयस का माध्यम है।

इन 15 वर्षों में उसने अनेकानेक भाषण दिए और अभ्यास से वह वक्तृत्व में कुशल होता चला गया।

बारम्बार प्रयास भाषण देने के भय से मुक्त ही नहीं करता, वक्तृत्व-शक्ति को विकसित भी करता है।

भाषण देने का भय : निरर्थक होकर भी भाषण देने का भय सभी को होता है। नवीन वक्ता को यह नहीं समझना चाहिए कि केवल वही इस भय का शिकार है।

मेरे एक अध्यापक थे श्री मार्तंड। बाद में सहकर्मी भी रहे। जब भी स्टाफरूम में आते, अपनी वाचालता से सबको खुश कर देते। उनके पास अनेक संस्मरण, लतीफे और कथाओं का भंडार था। सुनाने की शैली लाजवाब। हाजिरजवाब ऐसे कि बिरला ही उनसे टकराए।

एक बार क्षेत्रीय शिक्षा-निदेशक अपने सहयोगियों सहित हमारे विद्यालय में स्टाफ को सम्बोधित करने पधारे थे। सम्पूर्ण स्टाफ और अन्य विद्यालयों में अध्यापक भी हॉल में प्रतीक्षारत थे। निदेशक, प्राचार्य के कार्यालय में बैठे थे। इधर हॉल में अध्यापकों के बीच मार्तंडजी का नए-नए लतीफे सुनाना जारी था। वह वर्तमान राजनीति, चुनाव, माफिया, शिक्षा-व्यवस्था और विभिन्न विषयों पर बोले जा रहे थे। उनकी ऊँची आवाज, जोरदार ठहाके, भारी शरीर और रौबदार व्यक्तित्व से भी वे काफी प्रियदर्शन थे ही। हास-परिहास का दौर चल रहा था। शिक्षा-निदेशक कार्यालय में उलझे थे। करीब एक-डेढ़ घंटा आने में समय लग रहा था। सारा हाल मार्तंड के रंग में रँगा था। इसी बीच उन्होंने कहा—"इस दुनिया में यह मार्तंड किसी का कहना नहीं मानता, मानता है तो केवल अपनी जोरू का।"

वाक्य पूरा हुआ। सभी अध्यापक ठहाका लगा रहे थे कि चपरासी आ पहुँचा, "गुरुदेव, प्राचार्य आपको कार्यालय में बुला रहे हैं।"

वह फौरन खड़े हो गए। मानो पाँव में साँप लिपट गया हो। फिर कुछ संयत हुए, बोले, "तू चल, आता हूँ।"

श्रोताओं में एक मुखर अध्यापक ने पूछा, "आप तो पत्नी के सिवा किसी का कहना नहीं मानते, फिर यह क्या ?" वह चलते-चलते बोले, "अगर किसी का कहना मानते हैं तो उसे अपनी जोरू मान लेते हैं। तुम कहकर देखो, तुम्हारा भी कहा मान लेंगे।"

हॉल में जोरदार ठहाका गूँज उठा। कुछ देर बाद वह लौटे। फिर उनकी वक्तृता प्रारम्भ हुई। उन्होंने जेब से बीड़ी निकालकर सुलगाई।

वह स्वभावतः चुप रह नहीं पाते थे। वातावरण को बोझिल और नीरस बनाए रखना उनके जिन्दादिल स्वभाव को पसन्द न था।

निदेशकजी आए। आसनस्थ हुए। तीन-चार अफसरों के भाषणों के बाद एक बुजुर्ग शिक्षक की दृष्टि से मार्तंडजी से दिन-प्रतिदिन की शैक्षिक समस्याओं पर कुछ कहने का आग्रह किया गया।

उन्होंने बैठे-बैठे ही कहा, "नहीं साहब, मैं कभी भाषण नहीं देता। यह काम मुझसे न होगा।" सुननेवालों को तो उनके वक्तृत्व का सम्मोहन मालूम ही था। लिहाजा सभी उन्हें 'दो शब्द' कहने का आग्रह करने लगे। यह विषय नवीन न था और वह शिक्षा की कमजोरी पर दो-चार बातें पहले ही बोल चुके थे, परन्तु मौका पड़ने पर वह बिना कुछ बोले हॉल छोड़कर बाहर निकल गए।

भाषण की बात सुनते ही उनकी जिन्दादिली, योग्यता और वाक्-शक्ति कुंठित हो गई। यह स्वाभाविक था।

यह शर्मिन्दगी की स्थिति नहीं थी। यह किसी के साथ भी हो सकता है, इसलिए वक्तृत्व-शक्ति को जगाकर हमें अपनी योग्यता अवश्य प्रगट करनी चाहिए।

बाद में उन्होंने कहा, "कुर्सी पर बैठकर बिना सोचे-समझे मैं उस निदेशक को सारी समस्याएँ समझा सकता हूँ, परन्तु भाषण के नाम पर माइक के समक्ष, श्रोताओं की आँखें मुझे लीलने लगती हैं। मेरी सोच-प्रक्रिया और वाक्-शक्ति को लकवा मार जाता है।"

पहला भाषण तो बहुत कठिन होता है। घबराहट से वक्ता के पसीने से छूट जाते हैं।

विख्यात वक्ता भी घबरा जाते थे : संसार के विख्यात वक्ता भी केवल प्रथम भाषण में नहीं, जब भी भाषण देने का अवसर आता वे उदासी, घबराहट और नैराश्य के शिकार हो जाते थे।

धीरे-धीरे अनुभव और प्रयास से वे अपने आप पर काबू कर लेते थे और सामान्य होने लगते थे। उदाहरण के लिए :

महात्मा गांधी : कोर्ट में वक्तृता के लिए खड़े हुए। पहली बार इतना घबराए कि सहारा देकर कुर्सी पर बैठाना पड़ा।

मार्क ट्वेन : विख्यात विद्वान मार्क ट्वेन कहते हैं—पहली बार भाषण देते समय लगा जैसे मेरे मुँह में किसी ने कपास ठूँस दिया है। बोल ही नहीं निकले।

जीन जारेस : जीन जारेस सरीखा वक्ता फ्रांस में शायद सदियों में जन्मा था। सदन का सदस्य चुना गया। मगर एक वर्ष तक मुँह सिये सदन की कार्यवाही का दर्शक बना रहा । एक शब्द बोलने का साहस भी उसमें न था।

डिजरायली : डिजरायली कहता था, मैं एक सैनिक टुकडी लेकर बड़ी-से-बड़ी सेना से लोहा ले सकता हूँ, परन्तु पहली बार 'हाउस ऑफ कामंस' में भाषण देने में जो घबराहट मुझे हुई, उसकी कल्पना नहीं कर सकता।

सिसरो : सिसरो जैसा विद्वान कहता था कि दो हजार वर्ष पूर्व जो भाषण दिए गए वे सब घबराहट से भरे वक्ताओं के हैं। भाषण की तकनीक उन्हें पता ही नहीं थी।

अब्राहम लिंकन : लिंकन जैसा जादुई वक्ता जनप्रवाह को अपनी वक्तृत्व-धारा में बहा ले जाता था। उन्होंने अपने अन्यतम वकील-मित्र हर्डसन से कहा कि भाषण देते समय प्रारम्भ से कुछ मिनटों में वह घबराहट और आत्मसजगता से इस कदर पीड़ित हो जाता है कि उसकी आवाज कम्पन से चीखों जैसी निकलने लगती है। उसके चेहरे के हाव-भाव, शारीरिक मुद्रा और हलचल अत्यन्त हास्योत्पादक होने लगती है। लेकिन कुछ देर बाद वह उन पर काबू पा लेता है और वांछित प्रभाव, संयम, एकाग्रता और उष्मा पैदा होने लगती है जिससे सच्चा लिंकन रूपायित होने लगता है।

यह अनुभव हम सबका है। प्रारम्भिक भाषणों में यह डर और आत्मसजगता ज्यादा होती है। बाद के भाषणों में क्रमशः वह कम होती जाती है।

यहाँ हम, भाषण की सफलता के लिए वक्ता को कौन से प्रयास करने चाहिए, इस पर चर्चा करेंगे। हमें पूर्ण विश्वास है कि निम्न निर्देशों पर अमल करके कोई भी व्यक्ति वक्ता बनकर अपनी छवि आलोकित कर सकता है।

दृढ़ संकल्पशक्ति जगाएँ

भाषण देने का प्रयास, दृढ़ संकल्पशक्ति और इच्छा के साथ प्रारम्भ करना चाहिए। पहले यह सोचना चाहिए कि सफल वक्ता बनने से हमें क्या लाभ है? आत्मविश्वासपूर्ण असरदार शैली में भाषण देने से हमें सामाजिक मान्यता मिलेगी। अधिक-से-अधिक लोग हमें जानने लगेंगे। हम नेतृत्वशक्ति से पूर्ण माने जाएँगे। जनता हमें आदर और सम्मान देगी।

अंग्रेज विद्वान फिलिफ डी. आरमर ने इसीलिए कहा था—"एक बड़ा धनवान बनने की अपेक्षा एक बड़ा वक्ता बनना बेहतर है।"

हिन्दी के कवि और वक्ता माखनलाल चतुर्वेदी ने कहा था—"अपने सफल भावी जीवन के लिए जनमान्यता प्राप्त करना जरूरी है। यह तभी प्राप्त होती है, जब हम अपने चिन्तन से जनहित की बात जनता को समझा सकें। यह वक्तृत्व-शक्ति से ही सम्भव है।"

भाषण देकर हम वक्ता रूप में एक नवीन सन्तोष और आह्लाद प्राप्त करते हैं। श्रोता-समूह जब हमारे विचारों को सुनता चला जाता है तो हम आत्मिक शक्ति से भर उठते हैं। हमारा आत्म आलोकित हो उठता है।

अपने जीवन में अविस्मरणीय जोश और उत्कर्ष भरने के लिए, उत्तेजनापूर्ण अनुभव के आस्वादार्थ भाषण देने को हमेशा तैयार रहें।

'मैं श्रेष्ठ वक्ता बनूँगा ही, यह मेरा निर्धारित लक्ष्य है'—यह अपने आपसे कहें और पूरी ताकत से अपने लक्ष्य पर टूट पड़ें। हमारा संकल्प, दृढ़ता और आवेग उस सिंह की तरह हो जो किसी हरिण के शिकार के लिए उसका पीछा करता है।

यह स्मरण रखना चाहिए कि हमें सजग इच्छाशक्ति से अपने ध्येय पर टूटना है, ताकि हम अपनी दृष्टि में परम साहसी और वीर सिद्ध हो सकें।

यहाँ वीर जूलियस सीजर की 'वृत्ति' अपनानी पड़ेगी। जूलियस सीजर ने खाड़ी पार करके दुश्मन के क्षेत्र में प्रवेश किया। पूरी सेना थकी हुई थी। उसने सिपाहियों से कहा, 'मेरे प्रिय सिपाहियो ! हम यहाँ विजयी होने को आए हैं। पराजित होने को नहीं। हम विजयी होकर ही लौटेंगे।' और फिर उसने उस पूरे जहाजी बेड़े को आग लगा दी, जिस पर सवार होकर सेना सहित वह वहाँ पहुँचा था। अब उसके और उसकी सेना के लिए 'जीतो या शहीद हो जाओ' के सिवाय दूसरा विकल्प न था।

जीवन में इसी 'सिजेरियन वृत्ति' की आवश्यकता है। अपने भीतर उदासीनता, आलस्य, भय, प्रमाद और शंकाएँ यदि उठें तो तत्काल उनसे लड़ने

को उठ खड़े हो जाना चाहिए। भाषण देने के लिए ऐसी ही दृढ़ता, जीवट और तीव्र आसक्ति की जरूरत है। यह सामरिक भाव वैसे जीवन के उत्कर्ष के लिए हमेशा आवश्यक रहा है।

भाषण देने से कदापि न कतराएँ।

जो बोलना है, उसे पूरी तरह जान लें

भाषण देने से पूर्व इतना समय अवश्य लें कि भाषण में क्या बोलना है यह सोच-समझकर लिखा जा सके। यह अत्यन्त रहस्यपूर्ण बात है। हर सफल वक्ता भाषण देने से पूर्व अपना भाषण लिख लिया करता है। यदि आप ऐसा नहीं करेंगे तो भाषण देना कठिन हो जाएगा। आपका संकोच, शर्मीलापन, झिझक, आत्मसजगता तथा घबराहट आप पर सवार हो जाएँगे। ऐसे में कहनेवाली बातें छूट जाएँगी। आपको पश्चात्ताप होगा कि आप न्याय नहीं कर पाए हैं।

प्रारम्भ में तो यह बहुत आवश्यक है।

लिखा हुआ भाषण साथ रखें। प्रथम भाषण के समय कागज की मदद ली जा सकेगी। जो कहना है अत्यन्त संयत होकर धैर्यपूर्वक बोलें। प्रारम्भ में कागज पर लिखे भाषण की मदद से बोलें। यह प्रारम्भ में बुरी बात नहीं है। बच्चा चलना सीखने से पहले दीवार या कुर्सी पकड़कर उसकी मदद से चलता है। सीख जाने पर स्वतन्त्र रूप से चल निकलता है।

आत्मविश्वास का परिचय दें

गीता में भगवान कृष्ण ने अर्जुन की भीरुता को दूर करने के लिए उसे हर बार अतुल शौर्यशाली महारथी कहकर सम्बोधित किया है। प्रभु कहते हैं–"क्षुद्रं हृदयदौर्बल्यं त्यक्तवोत्तिष्ठ परन्तप" अर्थात् हे अर्जुन, हृदय की दुर्बलता त्यागकर खड़ा हो। हमें अपने आपको परम साहसी मानकर हृदय में संकोच और दुर्बलता पर विजय प्राप्त करनी चाहिए।

यह सत्य है कि भावना और विचारों का असर शारीरिक क्रियाओं पर होता है। परन्तु यह बहुत कम लोग जानते हैं कि शारीरिक क्रियाओं का असर भी भावना और विचारों पर होता है। यह एक मनोवैज्ञानिक सत्य ही नहीं, शरीर-विज्ञान का भी सत्य है।

भाषण देने से पूर्व उदासी, घबराहट, संकोच और झेंप जैसी भावना वक्ता की शारीरिक हलचलों को हास्यास्पद बना देती है। इसलिए हमें अपनी भावना, विचार और शारीरिक हलचलों पर काबू रखना चाहिए। यह सम्भव है।

पहले मन-ही-मन अपना भाषण किन मुद्दों पर देना है, दुहरा लेना चाहिए। फिर गहरी साँसें लेते हुए सोच लेना चाहिए कि आप बिना रुके बढ़िया बोल सकेंगे। आपका नाम पुकारा जाएगा। प्रतीक्षा कीजिए। दिल की धड़कन पर काबू रखिए। नाम पुकारा जाते ही अत्यन्त संयत तरीके से बगैर जल्दी किए उठकर मंच की ओर चलिए। रास्ते में कुर्सियाँ हो तो टकराएँ नहीं। दरी बिछी हो तो ध्यान रखें, उसमें जूता फँसकर ठोकर न लगे। नीचे बैठनेवाले श्रोताओं को पाँव न लगें। सम्हलकर चलें।

आप मंच पर आसनस्थ हुए हैं।

मन्द-मन्द मुस्कराते हुए श्रोताओं को देखिए। संकोच या घबराहट व्यर्थ है, ये सब लोग आपके विचार सुनने को एकत्र हुए हैं। वे आपसे 'पाना' चाहते हैं। प्रतीक्षा कर रहे हैं।

अब आपका परिचय कराया जा रहा है। आप अपनी शारीरिक हलचलों पर काबू रखते हुए, खुश दिखाई दें। रीढ़ की हड्डी सीधी रखें। सिर ऊँचा, आँखें सबकी ओर। चेहरे पर धैर्य हो, जल्दबाजी न दिखे।

कुछ लोग भाषण देने से पूर्व बहुत तनावग्रस्त होते हैं। तनाव के कारण वे स्वयं नहीं जानते कि कौन-सी हरकतें वे अनायास किए जा रहे हैं। श्रोता, दर्शक भी होते हैं, वे तनावग्रस्त वक्ता की फजीहत को जानकर उसका उपहास करने लगते हैं। अतः अपने आप पर नियन्त्रण रखिए।

संकोच और घबराहट के कारण अक्सर कुछ वक्ता कुर्सी पर झुककर बैठ जाते हैं। मेज पर रखे पेपरवेट को लट्टू की तरह बार-बार घुमाते हैं। मेज के नीचे दोनों घुटने जोर-जोर हिलाते हैं।

उपरोक्त शारीरिक क्रियाएँ हमको संयत नहीं होने देतीं।

यह याद रखें, शारीरिक हलचलों को काबू में रखने से भाव और विचारों पर काबू पाया जा सकता है। यदि भाव और विचारों से शारीरिक हलचल नियन्त्रित होती है तो उसके विपरीत भी हो सकता है।

आप दुखी हैं, खुश होना चाहते हैं। आप खुशी को अपनी शारीरिक हलचलों से प्रगट कीजिए। यथा—खड़े हो जाइए, मुस्कराए, हँसिए, मित्रों से मजाक कीजिए, बस आप खुश होते चले जाएँगे।

आप झिझक के शिकार हैं, तो निस्संकोच व्यवहार कीजिए। आप साहस से भर उठेंगे।

भय से बचने का सबसे बढ़िया तरीका यही है कि हमें भयावह स्थिति से अपना बचाव करने की बजाय आक्रामक बन उस पर टूट पड़ना चाहिए। भाषण

करते समय स्वयं को थका-हारा न समझें। आप वीर, धैर्यशील और गम्भीर चिन्तक का अभिनय मात्र करिए। आप सचमुच वीर और धैर्यशील बन जाएँगे।

भाषण करते समय सिपाहियों की तरह तनकर गर्दन सीधी करके, हाथ पीछे या सामने बाँधकर सीना बाहर निकालकर निर्भय होकर श्रोताओं की आँखों में आँखें डालकर सबको देखते हुए भाषण प्रारम्भ करिए।

हड़बडी, जल्दबाजी और अधैर्य का शिकार मत होइए। वीरोचित मुद्रा रखिए। शारीरिक अंगों को कम्पन से बचाइए। थोड़ी देर बाद इसका असर होगा। आप भावनात्मक कमजोरियों पर काबू पा लेंगे। संयत होकर बोलने लगेंगे।

श्रोताओं को आत्मविश्वास का परिचय दीजिए। वे मुग्ध होने लगेंगे।

अनजाने में होनेवाली चूक के प्रति सावधान

जैसाकि हमने उक्त निर्देश में कहा है कि कुछ वक्ता कुछेक हास्यास्पद स्थितियों में अनजाने रह जाते हैं। यहाँ ऐसी ही स्थितियों का चित्रण करना है, ताकि वक्ता उनसे बचे।

शारीरिक हरकतों को दुहराना : कोई-कोई वक्ता बोलते वक्त शरीर का भार दाएँ पाँव पर रखते हैं। फिर बदलकर बाएँ पाँव पर रखते हैं। भाषण के दौरान इस प्रकार डोलना हास्यास्पद होता है। उसी प्रकार आगे-पीछे हिलकर भाषण देना भी ठीक नहीं।

कुछ वक्ता कमीज या कोट पर लगी बटन से खेलते हैं। बोलते समय उसे घुमाते रहते हैं।

कुछ वक्ता बार-बार नाक के पोर को छूते रहते हैं, तो कुछ चश्मे को नाक पर ऊपर खिसकाते रहते हैं।

उच्चारण दोष से बचें : ऐसा शब्द प्रयोग न करें जिसका अर्थ पता न हो। एक बार एक वक्ता 'नजरअन्दाज' शब्द का अर्थ नहीं जानते थे। बार-बार 'हमें इस बात पर विशेष बल देना पड़ेगा, इसे जरूर नजरअन्दाज करना पड़ेगा।'—कह रहे थे। वह नजरअन्दाज के मानी बहुत गहरी निगाह रखकर अनुमान लगाना समझ रहे थे।

'श' को 'स' या 'स' को 'श' कहना, जैसे 'समस्या' को 'शमस्या', 'सरगम' को 'शरगम' कहना, उसी प्रकार 'न' को 'ण' या इससे विपरीत उच्चारण करना अर्थात् 'पानी' को 'पाणी' और 'अपनी' को 'अपणी' कहना हास्यास्पद लगता है। उच्चारण दोष से भाषण का असर कम होते लगता है।

एक बार एक वक्ता पहली बार बोलने को खड़े हुए। बोलते वक्त वह

बार-बार नाक का स्पर्श करते। श्रोता इस बार-बार की चेष्टा को गिनने लगे। उन्होंने करीब बीस बार नाक का स्पर्श किया। श्रोता समवेत स्वर में गिनती पढ़ते रहे और वक्ता समझ नहीं सके कि वे क्या गिन रहे हैं।

भाषण का मजाक बना और वह बौखलाते रहे।

श्रोताओं की श्रेष्ठता का भय व्यर्थ

कुछ लोग इस भय से आक्रान्त होते हैं कि श्रोताओं में मुझसे अधिक श्रेष्ठ विद्वान बैठे हैं। भला उनके आगे मैं क्या बोल पाऊँगा ? यह सोच भी गलत है। इस हीनता के भाव से आत्मविश्वास को ठेस लगती है और भाषण देने की क्षमता पर विपरीत असर पड़ता है।

कुछ लोग इस भाव से उबरने के लिए एक गलत तरीका बताते हैं। उनकी दृष्टि से श्रोताओं को 'महामूर्ख' समझकर भाषण करना चाहिए। परन्तु यह समझना सही नहीं है।

दरअसल में सत्य स्थिति को समझना चाहिए। हो सकता है कि वहाँ आपसे बड़े विद्वान और वयोवृद्ध बैठे हों, परन्तु वे अन्तर्यामी तो नहीं हैं कि आप 'क्या' कहने जा रहे हैं यही जान जाएँ। आप किस ढंग से कहने जा रहे हैं इसका अनुमान वे भला कैसे लगा लेंगे।

आप किसी के घर जाते हैं। गृहस्वामी अपने नन्हे बच्चे को आपके सामने बुलवाते, "बेटा अंकल को 'पोयम' सुनाओ।"

बच्चा 'पोयम' सुनाता है। वही 'जैक एंड जिल'। आप जानते हैं, आपके बच्चे भी वही गाते हैं। परन्तु फिर भी वह श्रव्य है क्योंकि सुनानेवाले बच्चे का अपना ढंग है। भाव व्यक्त करने का अपना-अपना तरीका है। 'पोयम' देखने की चीज भी बनी हुई है। सिर्फ सुनने की नहीं। यही वक्ता के लिए भी सच है।

भाषण सिर्फ सुनने की चीज नहीं होती, वह देखने की चीज भी है। हर आदमी का भाषण, विषय-सामग्री वही होने पर भी विशिष्ट बन जाता है। श्रोता विद्वान हों तो भी आपकी बात का अनुमान नहीं लगा सकते। आपकी शैली भी विशिष्ट होती है। एकदम नवीन। अतः श्रोताओं से स्वयं को हीन न समझें। इससे आत्मविश्वास घटता है।

संकोच त्यागकर इस ढंग से बोलें जैसे श्रोता-समूह में से कोई एक आपके समक्ष बैठा आपकी बातें सुन रहा है। भाषण देने की औपचारिकता को खुद पर सवार न होने दें। संयत होकर, स्वाभाविक ढंग से, धैर्ययुक्त स्वर में बोलते चलें और आप पाएँगे आप सफलतापूर्वक वाक्य पर वाक्य बोलते जा रहे हैं।

स्थिति पर आपका नियन्त्रण रहा है।

अगला भाषण पिछले भाषण से बेहतर

यह स्मरण रखना चाहिए कि भाषण देने में निष्णात और सिद्ध होने के लिए भाषण देने का प्रयास बार-बार करना चाहिए।

भाषण देना एक कुशलता है। कुशलता अंगीकृत हुआ करती है। साइकिल चलाना, तैरना, किसी भाषा में बोल सकना, कोई खेल खेल सकना, ये सभी कुशलताएँ हैं। इनकी विशेषताएँ ये हैं कि किसी भी कुशलता के अंगीकृत होने पर उसका अभ्यास बार-बार करने से व्यक्ति उसमें अधिक-अधिक प्रवीण होता चला जाता है। दूसरी विशेषता यह कि एक बार सीखी कुशलता अधिक समय तक अंगीकृत रहती है। व्यक्ति उसे भूलता नहीं है। भाषण में यही सत्य है।

पहली बार भाषण देना है तो भाषण अच्छी तरह समझ लीजिए। आईने के आगे खड़े हो जाइए। अपना भाषण स्वयं बोलिए और सुनिए। मुद्राएँ सुधारिए। प्रारम्भिक भाषण बोलचाल की भाषा में करिए। भाषा में क्रमशः परिष्कार करते चलिए। अत्यन्त दुरूह और क्लिष्ट भाषा का उपयोग न करें। हाव-भाव कृत्रिम न लगें।

आशय को याद रखें। भूल भी जाएँ तो आशय के आधार पर बोलें। भाषण में रुककर सोचने लगना और घबराकर अंट-संट बोलना ठीक नहीं। संयत रहकर भाषण समाप्त कर देना ठीक है।

भाषण देने का अभ्यास जितना अधिक होगा, उतने ही आप अच्छे वक्ता सिद्ध होंगे।

भाषण देने को हमेशा तत्पर रहें। इसे मुसीबत न समझें। अपने व्यक्तित्व के विकास और आत्म के प्रसार के लिए वक्तृत्व में कुशलता प्राप्त कीजिए।

अध्याय : दो

पहले आत्मविश्वास जगाइए

भाषण देने से पूर्व संकोच और घबराहट होना अस्वाभाविक नहीं। यह सामान्य शारीरिक-मानसिक प्रक्रिया है। घबराहट का कारण यह कि वक्ता सोचता है—

- वह क्या बोलेगा ?
- और बोल सकने में असफल रहा तो श्रोता उपहास करेंगे।
- उसके भाषण न देने से कौन-सी गाज़ गिरेगी ? कोई दूसरा वक्ता तो बोलेगा ही।
- श्रोताओं को प्रभावित और चमत्कृत करने से जो सम्मान और मान्यता मिलेगी, उसकी गारंटी है कहाँ ?

ये चार कारण ही वक्ता को भाषण देने से रोकते हैं। यही उसके आत्मविश्वास को खंडित करते हैं। ऐसे में यदि हम इन चार नकारात्मक सोचों को हटा सकें तो हममें न केवल आत्मविश्वास जागेगा, अपितु भाषण देना आवश्यक भी लगेगा !

सबसे पहले वह क्या बोलेगा ?—इस प्रश्न का उत्तर सोचा जाए !

इसके लिए विषय क्या है ? उस विषय से सम्बद्ध अनुभवों को एकत्र करना जरूरी है। उससे सम्बद्ध दूसरों के अनुभवों का उपयोग करें, परन्तु जिनका प्रभाव बहुत ही तीव्र तथा चमत्कृत करनेवाला हो उन पुस्तकों को पढ़ें, जो विषय से जुड़ाव रखती हों। विषय पर चिन्तन करें।

चयनित सामग्री को लेकर भाषण लिख लें। यह समस्या हल हो जाएगी, जो 'क्या' कहने से जुड़ी है। आपके पास अब कहने को सामग्री है। अब आप उस सैनिक की तरह नहीं हैं जो निःशस्त्र युद्धस्थल पर जा रहा है।

यह सदा स्मरण रखें कि दुनिया के बड़े-बड़े वक्ताओं ने जो कुछ अपने चिरस्मरणीय भाषणों में कहा है वह मंच पर आने के बाद बोलते समय सुविचारित

बातें न थीं।

वे तथ्य, वे बातें, वे निर्देश, वह चमत्कारी सोच सबकुछ वक्ता मंच पर आने से पहले भाषण के रूप में लिखकर तैयार कर चुका था। तदुपरान्त भाषण को अनेक बार पढ़कर, उसका रिहर्सल करें, उसमें अभिनय और कुछ सच्चे स्वाभाविक हाव-भाव जोड़कर पूर्व तैयारी से युक्त होकर भाषण देने पहुँचा था।

पूर्व तैयारी में पूरी ईमानदारी और संवेदनशीलता बरतें। प्रभावशाली वक्तृत्व के लिए यह जरूरी है। सबसे पहले भाषण तैयार करते समय उस विषय को समझने से ज्यादा 'आवश्यक' मानें। मान लीजिए, 'हिन्दी-दिवस' पर भाषण करना है तो हिन्दी भाषा के प्रयोग, उसका सांस्कृतिक महत्त्व, आम जनता के लिए उपादेयता, प्रचार-प्रसार, कार्यालयीन उपयोग सभी मुद्दों पर विचार कर तारतम्य रखते हुए भाषण लिख लेना चाहिए। लिखते समय स्वानुभवों को प्रयोग करना जरूरी है। स्वानुभव ही भाषण को असरदार बनाते हैं। लिखते समय यह जरूर सोचें कि हिन्दी हमारी भाषा है। यह मातृभाषा, हमारे धर्म, राष्ट्रीयता, सम्मान और आत्माभिमान से संलग्न है।

मैं भाषण केवल किसी औपचारिकता निभाने को नहीं दे रहा हूँ, बल्कि यह अत्यन्त संवेदनशील विषय है।

अपनी सच्चाई, ईमानदारी, विश्वास को अपनी पूर्व तैयारी में समो दीजिए। जिन विचारों और भावनाओं से दूसरों को कायल करना हो पहले उनसे स्वयं कायल होना जरूरी है।

जिस गीत को गाते समय गायक रो पड़ता है, उसे सुनकर श्रोता भी रो उठते हैं। जो भाषण, सुनकर हमारे भीतर उथल-पुथल मच जाती है, वह वक्ता को उन्हीं अनुभूतियों से गुजार चुका होता है।

गांधीजी पर श्रद्धा जगानेवाला भाषण तभी असरदार होगा जब वक्ता स्वयं उनके प्रति श्रद्धालु हो।

जब हम इतनी ईमानदारी से पूर्व तैयारी करते हैं, तब हमें लगता है कि वह भाषण श्रोता अवश्य सुनें। यहाँ घबराहट, संकोच व्यर्थ हो जाते हैं।

पूर्व तैयारी का सच्चा हाल

मुझे एक सच्चा अनुभव यहाँ लिखना है, जो भाषण का कथ्य बना था। वह वक्ता कोई और नहीं, मैं स्वयं हूँ।

सन् 1995 में मैं प्राचार्य पद से सेवानिवृत्त हुआ था। सन् 1991 में पेंशन केस के बनाने के लिए ऑडीटर ने तमाम कार्यालयीन कर्मचारियों की सभा की

थी। इसमें पेंशन केस बनाने का प्रशिक्षण देना था। मुझे अध्यक्षीय भाषण देना था। मैंने औपचारिक भाषण दे डाला। यह महज रस्मअदायगी थी। सन् 1997 में मुझे पुनः ऐसे ही प्रशिक्षण कार्यक्रम में 'अध्यक्षीय' भाषण देने को आमन्त्रित किया गया। 1995 से 1997 तक मुझे भी पेंशन नहीं मिली थी। सम्बन्धित क्लर्कों ने सेवा-पुस्तिका में त्रुटियाँ कर रखी थीं। पेंशन केस गलत बनाकर भेजा था। परिणामस्वरूप वह केस सुधारने के लिए दो बार लौटाई गई थी। दो वर्ष तक मैं बिना पेंशन परेशान रहा।

इस सभा में मैं वही कष्ट सुनानेवाला था। उस प्रशिक्षण का महत्त्व मैं समझ चुका था।

इस बार मेरा भाषण जीवन्त रहा। श्रोताओं को अपने कर्तव्य के प्रति सजग करता था। स्वानुभवपूर्ण इस भाषण में मैंने वक्तृत्व की उन विशिष्टताओं का भरसक प्रयोग किया था जो निर्देश रूप में इस पुस्तक में वर्णित हैं।

पूर्व तैयारी में स्वानुभव का प्रयोग अधिक प्रभावशाली होता है। किताबी तथ्यों या सिद्धान्तों की नीरसता को ऐसे ही स्वानुभवों से सरस एवं मनमुग्धकारी बनाया जा सकता है।

आत्मविश्वास जगाने के लिए यह जरूरी है कि हम उस भाषण से सम्बद्ध सामग्री एकत्र करें। उसे लिख लें। उसमें स्वानुभूत घटनाओं को जोड़ें। भाषण को ऐसी जरूरी बात समझें जो श्रोताओं से कहना आपका कर्तव्य है। उसे समाजोपयोगी कार्य समझकर ही करें। प्रभावशाली बनाने के लिए भाषण को अपनी संवेदना से जोड़ें।

यहाँ उक्त विशेषताओंवाला एक भाषण संक्षेप में दिया जा रहा है—

प्रसंग—एक पब्लिक हॉल में 'क्रीड़ा-शिक्षकों' को सम्बोधित करना है।

विषय—शिक्षा की दृष्टि से क्रीड़ा और क्रीड़ा-शिक्षकों का महत्त्व।

उद्देश्य—शिक्षा में क्रीड़ा का सन्निवेश मात्र औपचारिकता न समझा जाए। क्रीड़ा शिक्षक स्वयं को अन्य किताबी वर्ग-शिक्षकों से हीन न समझें। उनका महत्त्व भाषा, गणित आदि पढ़ानेवालों से कम नहीं है।

पूर्व तैयारी—स्वानुभूत दो कथाएँ—उसके निष्कर्ष द्वारा 'उद्देश्य' को श्रोता शिक्षकों के मन पर अंकित करना, ताकि यह असर चिरस्थायी रहें। दो कथाएँ पत्रिकाओं से ली हैं।

भाषण के विशिष्ट मुद्दे ही यहाँ उद्धृत कर रहा हूँ। यह भाषण करीब एक घंटा शान्तिपूर्वक सुना गया था।

भाषण—माननीय क्रीड़ा-निदेशक एवं क्रीड़ा-प्रशिक्षक बन्धुओ, बहनो !

शिक्षा, जैसाकि आप जानते हैं, दो प्रकार की होती हैं। एक औपचारिक, दूसरी अनौपचारिक। खेलकूद में हम अनौपचारिक शिक्षा पाते हैं। इसलिए वह भीतर तक हमें बदल देती है। विद्यार्थी जानता ही नहीं कि वह सीख रहा है, पर सीखता जाता है। व्यवहार और संगत से अच्छी-बुरी दोनों बातें अंगीकृत हो जाती हैं। आप बगैर किताब के शिक्षा देते हैं ! आपकी किताब; आपकी पाठशाला; खुला मैदान होता है। इस मैदान में आप विद्यार्थी को सूझ-बूझ, विवेकशीलता, हार-जीत का तात्पर्य, सहनशीलता, अनुशासन और जीने का तरीका सिखाते हैं। चुस्त और स्वस्थ मन और तन की साधना सिखाया करते हैं, जिसके बिना शिक्षा अधूरी होती है। आप 'खिलाड़ी-वृत्ति' की शिक्षा देते हैं, यानी जीने का तरीका सिखाते हैं। आपका महत्त्व बन्द कक्षाओं में पढ़ानेवालों से कम नहीं है।

मेरा एक विद्यार्थी था। नाम था पुरुषोत्तम। बड़ा ही मेधावी। हमेशा प्रथम रहता। किताबी-कीड़ा कहें तो अतिशयोक्ति न होगी। खेलने-कूदने में उसकी रुचि नहीं थी। हरदम मेज-कुर्सी पर जमा रहता।

उसके नाना ने उसे 'दत्तक' लिया था। वह इंजीनियरिंग की डिग्री लेने पिलानी गया था। इधर नानाजी का निधन हो गया। उसकी परीक्षाएँ चल रही थीं। वह मैरिट में आता रहा था। परीक्षा पूरी होते ही लौटा। देखता क्या है कि नानाजी के भतीजों ने सारी सम्पत्ति हथिया ली है।

नानाजी की सम्पत्ति अधिक न थी। हाँ मकान पर वे काबिज हो चुके थे। उसे कोर्ट-केस करना पड़ा। कोर्ट-कचहरियों के चक्कर से वह परेशान हो उठा और विक्षिप्त हो गया। कुछ ही समय बाद उसका निधन हो गया।

वह मैरिट में पास इंजीनियर था। यदि चाहता तो ऐसे कई मकान अपनी कमाई से बना लेता। मगर वह पागल होकर मर गया। सही कारण क्या था ?

उसमें खिलाड़ी-वृत्ति न थी। उसने जीतना ही सीखा था। पहला नम्बर पाना ही सीखा था, दूसरा नहीं। उसने हारना नहीं सीखा था। उसने किताबें पढ़ी थीं, जिन्दगी नहीं। उसने आत्मानुशासन सीखा था जो केवल अपने व्यवहार तक सीमित रहता है; वह आत्मानुशासन नहीं, जो परिस्थिति बदलने पर, आक्रमणकारियों से लोहा लेते समय आवश्यक होता है।

आप लोग खेल सिखाते हैं। जीतने के साथ हारना भी सिखाते हैं। हारने में जीतने की तरह हँसना सिखाते है। हारने को मुश्किल या काबू के बाहर नहीं समझते। निराशा की जगह आशा और हिम्मत जगाते हैं।

खेलना, खेल नहीं होता। Playing is not a fun ! खेलने में संयम, अनुशासन, नियम प्रतिबद्धता, विवेक, आक्रामकता का मनोविज्ञान, अपना साहस, मन और

शरीर की चुस्ती आदि सभी काम आते हैं। यह सभी चीजें जिन्दगी में भी आवश्यक हैं।

खेल लगते साधारण हैं, परन्तु बड़े महत्त्वपूर्ण हैं। दुनिया के बड़े-बड़े काम नियम तोड़कर हो सकते हैं, किन्तु खेल नियम भंग करते ही बन्द हो जाते हैं। बिना नियम के खेल चल ही नहीं सकता।

पुरुषोत्तम की हार, उसकी दर्दनाक असमय मृत्यु का कारण थी। वह मैदान में खेला न था। उसमें खिलाड़ी-वृत्ति न थी। उसकी शिक्षा अधूरी थी। प्रथम श्रेणी का इंजीनियर जीवन की शिक्षा से अनभिज्ञ था, व्यवहार में अनपढ़ था। मामूली लोगों से हार गया।

आप क्रीड़ा-शिक्षक सर्वांगपूर्ण शिक्षा देते हैं। इसलिए आपको कहता हूँ कि आपका कार्य बन्द कमरे में पढ़ानेवाले अध्यापकों से बहुत अधिक महत्त्वपूर्ण है। अपने कार्य के महत्त्व को समझें।

क्रीड़ा-प्रशिक्षक, सहयोगी और प्रतियोगी दोनों का मनोविज्ञान समझता है। समूह का मनोविज्ञान एक खिलाड़ी ठीक प्रकार समझता है। विद्यार्थी अवस्था में मैंने अन्तर्विश्वविद्यालयीन कुश्ती प्रतियोगिता में हिस्सा लिया है। एक बार एक बहुत कुशल चैम्पियन से मुकाबला होना था। सबको उससे उम्मीद थी। मुझसे नहीं। तैयारी मेरी भी काफी अच्छी थी। मैं उसके मुकाबले गौर से देखा करता। वह कुश्ती शुरू होते ही पैंतरा सामने रखकर दाहिने-बाएँ हाथों से प्रतियोगी की नाक छूकर, फौरन पैर के अँगूठे को छूता। प्रतियोगी पहलवान घबरा जाता। वह पीछे भागता और दर्शक हँसने लगते।

दो-तीन बार अपना मखौल इसी तरह उड़ता देख, वह उस चैम्पियन पर क्रुद्ध होकर पिल पड़ता। और ऐसे गुस्सा हुए अन्धे प्रतियोगी की एक टाँग उठाकर वह उसका सन्तुलन बिगाड़ चित कर देता।

चैम्पियन, मनोविज्ञान को जानता था। क्रोध मनुष्य को अन्धा बना देता है। उसका सन्तुलन बिगड़ जाता है। किसी के चिढ़ाने पर भी अपना सन्तुलन नहीं बिगड़ने देना चाहिए।

एक बार सिनेमा थिएटर में गायक मंडली आई थी। एक बदमाश कार्यक्रम बिगाड़ने के लिए गायिकाओं को दिखा-दिखाकर नींबू चूसा करता। गायिकाएँ नींबू की वजह से गा नहीं पातीं। मुँह में पानी भर जाता।

सामनेवाला हमें मनोवैज्ञानिक तरीके से किसी 'भाव' या 'विचार' से ग्रस्त करना चाहता है। खिलाड़ी अगर सच्चा है तो शरीर की स्पर्धा में इस मन की स्पर्धा को भी शामिल कर लेता है। क्रीड़ा स्पर्धा में तन ही नहीं, मन, विवेक, साहस की

भी स्पर्धा होती है।

क्रीड़ा-शिक्षको ! आप विद्यार्थी को मनोविज्ञान भी पढ़ाते हैं। रशिया के पहलवान अलेक्जेंडर को कौन नहीं जातना ? विश्व चैम्पियन रह चुका है। उसके पहले चैम्पियन प्रोलोव्ह था। वह उम्र की वजह से निवृत्ति ले रहा था। निवृत्ति-दिवस पर उसे अलेक्जेंडर से लड़ने को कहा गया। करीब एक घंटा मुकाबला हुआ। अलेक्जेंडर में प्रोलोव्ह को चित नहीं किया।

दर्शकों ने कुश्ती के बाद उससे पूछा कि यह कैसी कुश्ती थी जिसमें वह जान-बूझकर प्रोलोव्ह को हरा नहीं रहा था ! यह धोखाधड़ी है। खेल नियम के विरुद्ध। मिली-जुली, नूरा।

वह दर्शकों से बोला, "इस बिदाई के अवसर पर प्रोलोव्ह को हराकर उनका असम्मान नहीं करना चाहता था। इसके लिए खेल प्राधिकरण मुझे क्षमा करे। इसे 'शो-फाइट' समझा जाए।

खिलाड़ी संवेदनशील भी होता है। इस उत्तर से दर्शक हर्षित हुए और अलेक्जेंडर 'हीरो' बन गया।

शायद वह जनता के मनोविज्ञान को भी जानता था।

"हे क्रीड़ा-शिक्षको ! आप बहुत ही ऊँची और सच्ची शिक्षा के 'पुरोधा' शिक्षक हैं। अपने कार्य के महत्त्व को समझें। खेलकूद की शिक्षा किताबी शिक्षा से कम नहीं है।" और फिर मैंने कुछेक औपचारिक वाक्य कहकर भाषण समाप्त किया।

कार्यक्रम के अन्त में इस भाषण से अभिभूत क्रीड़ा-शिक्षकों ने मुझे घेर लिया।

क्रीड़ा-निदेशक ने बड़े स्नेह से पूछा "आपने ऐसा भाषण देना किस अखाड़े (मैदान) में सीखा ?" प्रगट है, यह प्रश्न किसी उत्तर की अपेक्षा नहीं कर रहा था। यह भाषण की सफलता में प्रशंसोद्‌गार था। हमें ऐसे अनेक अनुभव होते रहते हैं।

केवल प्रसंगानुकूल उनका भाषण में उपयोग जरूरी है। ऐसे भाषण जो अपने अनुभव और निजत्व से भरे होते हैं, जो अपने प्रयास से रचे होते हैं, नवीनता, चमत्कार और श्रमसाध्य होने से श्रोताओं को चमत्कृत ही नहीं करते, अपितु उन्हें हमेशा स्मरणीय भी लगते हैं।

क्या महान वक्ताओं ने अपने प्रारम्भिक भाषण, 'एक्सटेम्पोर' यानी समयस्फूर्त या बगैर तैयारी के दिए थे ?

हिन्दी भाषा में आज तक महान से महान वक्ता ने अपने वक्तृत्व की श्रेष्ठता

के लिए पूर्व तैयारी की कथा नहीं लिखी है। अंग्रेजी पुस्तकों में महान वक्ताओं की पूर्व तैयारी की कथाएँ लिखी गई हैं। वस्तुतः प्रारम्भिक भाषणों में शायद ही कोई महान वक्ता बिना तैयारी के बोलता होगा। बिना तैयारी के लिए जानेवाले भाषण इतने असरदार नहीं होते।

विदेशों में तो विशिष्ट प्रसंगों के भाषणों की प्रतिलिपियाँ भाषण के पूर्व ही श्रोताओं को वितरित कर दी जाती हैं। लगता है, हमारे यहाँ वक्ता के लिए यह जरूरी होता है कि वह अपनी पूर्व तैयारी के रहस्य को रहस्य ही रहने दे। वैसे इस देश के वक्ताओं ने अपने असरदार वक्ता होने की सत्यकथाओं को कहीं लिखा ही नहीं है।

हम यहाँ अन्य पुस्तकों से उद्धरण लेकर कुछेक महान वक्ताओं के पूर्व तैयारी के संस्मरण प्रस्तुत कर रहे हैं—

अब्राहम लिंकन अपने भाषण कैसे तैयार करते थे ? इन भाषणों में उनकी अमरवाणी है, जो अमेरिकी जनता के मन-मस्तिष्क पर शिलालेखों-सी उत्कीर्ण है।

लिंकन भाषण देने से पूर्व भाषण के कथ्य पर काफी विचार-विमर्श करते थे। रात-दिन हर क्षण उस पर ही उनकी चिन्तनधारा जुड़ी रहती। नई-नई बातें जो उन्हें सूझतीं उसे वे कागज की चिटों पर लिखकर हैट में रख लेते। चलते, फिरते, जागते, खाते-पीते लिंकन अपने भाषण के प्रति सोचा करते।

सामग्री एकत्र होने पर उसे तरतीब से लिखने बैठ जाते। सिनेटर डगलस उनके प्रतिद्वन्द्वी रहे, परन्तु लिंकन के भाषण हर बार नवीनता लिये होते जबकि डगलस एक ही भाषण दुहराते थे। लिंकन हर बार कुछ नया जोड़ते, कुछ कम करते और अपने भाषण को नया रूप देते। शैली में परिवर्तन करते।

अब्राहम लिंकन के प्रति कहा गया है कि व्हाइट-हाउस में पदार्पण से पूर्व उन्हें जो उद्घाटन का भाषण देना था उसके लिए उन्होंने अमरीकी संविधान की एक प्रति और सन्दर्भ के लिए पूर्व अध्यक्षों के भाषणों की तीन प्रतियाँ प्राप्त की थीं। इसके बाद वे स्प्रिंगफील्ड के एक पुराने धूल-धूसरित स्टोर में बन्द होकर एकाग्र हुए। उस एकान्तिक वातावरण में उनकी चिन्तनधारा से जो भाषण जन्मा, वह काल के वक्ष पर लिखी 'अमरवाणी' कही जा सकती है।

लिंकन का एक भाषण अमेरिका में बहुत चर्चित हुआ है, वह है गेट्सबर्ग की कब्रगाह के प्रत्यार्पण का भाषण।

लिंकन के अधिकतर ऐसे भाषण लोकप्रिय हुए जो राजनीति और रंगभेद से सम्बन्धित हैं। उपरोक्त भाषण, लिंकन के सामान्य भाषणों से अलग ही नहीं था, बल्कि वह भाषण उन्हें एक ऐसे वक्ता के मुकाबले में देना था जिनका नाम एडवर्ड

एवरेट था। वह बोस्टन का मिनिस्टर, हार्वर्ड का अध्यक्ष, मेसेशुएट का गवर्नर, संयुक्त राज्य अमेरिका का सिनेटर, इंग्लैंड के मन्त्री और राज्य सचिव के सम्मानित पदों पर ही अधिष्ठित न था, बल्कि अपने समय का अत्यन्त प्रभावशाली, प्रखर और ओजस्वी वक्ता भी था।

गेट्सबर्ग का वह कब्रगाह 'शहीदी कब्रगाह' था और उसके प्रमुख एवरेट के साथ लिंकन को आमन्त्रित कर उनके भाषण के आयोजन के साथ यह लोकार्पण करना चाहते थे।

सन् 1863 अक्टूबर की 13 तारीख इस समारोह के लिए तय हुई थी।

एडवर्ड एवरेट अपना भाषण तैयार करने के लिए कुछ अधिक अवधि चाहते थे। परिणामस्वरूप कार्यक्रम 19 अक्टूबर, 1863 को तय हुआ। अब कुल 30 दिन तैयारी को मिल गए थे।

एडवर्ड तीन दिन गेट्सबर्ग रहे। शहीदों की कब्रों पर जाकर उन्होंने अपने भीतर भावावेग जगाया। आजादी की लड़ाई को कल्पना की आँखों से देखा। सारे घटनाक्रम को अपनी अनुभूति का हिस्सा बनाया।

एडवर्ड एवरेट के इस भाषण को सुनने के लिए भारी जनसमूह एकत्रित होनेवाला था।

अमेरिकी कांग्रेस, प्रेसिडेंट, केबिनेट के सदस्य सभी आमन्त्रित थे। अधिकतर ने भाषण देने की सम्भावना से घबराकर अनुपस्थित रहना ठीक समझा।

परन्तु लिंकन ने निमन्त्रण स्वीकार लिया। भाषण देने को भी तैयार हो गए। लिंकन गुलामी और रंगभेद पर घंटों बोल सकते थे, परन्तु इस विषय पर वह क्या बोलेंगे यह अनुमान कठिन था। और फिर मुकाबले में एवरेट सरीखा वक्ता !

लिंकन आज तक भाषण में पिछड़े न थे।

जनता को इस विषय पर लिंकन की योग्यता पर सन्देह होने लगा।

पन्द्रह दिन पहले उन्हें 'दो शब्द' कहने का आमन्त्रण मिला। और अमेरिका के महान प्रेसिडेंट भाषण तैयार करने में लग गए। उन्होंने एडवर्ड एवरेट से उनके भाषण की प्रति माँग ली।

उन्होंने व्हाइट हाउस से वार-हाउस तक आने-जाने के अन्तराल में, तार से आनेवाले सन्देशों की प्रतीक्षा के काल में और फोटो खिंचवाते समय उस भाषण पर सोचना शुरू किया।

अपनी सहयोगी नोआ ब्रुक्स से उन्होंने कहा कि मैं अपना प्रत्यार्पण-सम्बन्धी भाषण तीन बार लिखकर देख चुका हूँ, परन्तु अभी भी सन्तुष्ट नहीं हूँ। उसे और सँवारना ही पड़ेगा।

लोकार्पण की पहली रात लिंकन गेट्सबर्ग पहुँच गए थे। गेट्सबर्ग छोटा सा कस्बा था, जनसंख्या मात्र 13000 थी, परन्तु श्रोता 15000 पहुँच गए थे।

जनता लिंकन के ठहरने की जगह पहुँची और उनसे कुछ कहने का आग्रह करने लगी।

लिंकन ने अगले दिनवाले भाषण के पूर्व कुछ भी कहने से मना कर दिया।

लिंकन ने अपने सचिव सेवर्ड को अपना भाषण पढ़कर सुनाया। लिंकन ने कहा, 'कल सुबह तक मैं इसे आखिरी रूप दे सकूँगा।' अगली सुबह तक वे भाषण को माँजते रहे। स्मरण करते रहे। इस दौरान दरवाजे पर दस्तक हुई।

कर्नल कार उन्हें भाषण-स्थल तक ले जाने को आए थे। अब्राहम लिंकन, अमेरिका के प्रेसिडेंट, अमेरिका की फौजों के कमांडर इन चीफ, घोड़े पर सीधे तने हुए गर्वोन्त्त सिर उठाए एक योद्धा की धज में बैठे जा रहे थे...।

पीछे थे कर्नल कार जो घुड़सवार टुकड़ी के साथ जुलूस की शक्ल में उन्हें समारोह में ले जा रहे थे।

परन्तु जैसे ही जुलूस आगे बढ़ा, लिंकन का शरीर ढीला होकर झुकने लगा। हाथ ढीले पड़ गए, सिर उन्नत न रहा। लिंकन भाषण से सम्बद्ध विचार में डूब गए।

वे उस भाषण में तन्मय हो गए, जिसका कलेवर मात्र दस वाक्यों का होकर भी दुनिया के दिलो-दिमाग पर लिख जानेवाला था। लिंकन का वह भाषण एडवर्ड एवरेट से कई गुना श्रेष्ठ रहा था।

लिंकन के सभी भाषण सफल और चिरन्तन नहीं हुए। जिनमें लिंकन की रुचि और संवेदना न थी, वे मात्र शब्द बनकर रहे गए।

लिंकन की प्रतिभा वहीं बोलती जब वे रंगभेद, गुलामी और अमरीकी संघ पर बोलते थे क्योंकि ये उनकी चिन्तनधारा के सतत प्रवाह से सम्बद्ध विषय थे। वही उनकी 'अमरवाणी' कहलाए। अपनी रुचि में अवगाहन उनके लिए जरूरी था और इसकी असरदार तैयारी में वे सबकुछ भूल जाते।

भाषण-पूर्व तैयारी इतनी महत्त्वपूर्ण है कि स्वयं ईसा को भी 'सरमन ऑफ माउंट' करने से पूर्व 40 दिन, 40 रातें एकान्त चिन्तन करना पड़ा। चिन्तन की निरन्तरता और गहनता वक्ता को किसी सत्य अनुभूति से इतना आवेष्टित कर लेती है कि फिर वक्ता नहीं, स्वयं सत्य बोलने लगता है।

कवि शमशेर ने कहा है, 'हम न बोलेंगे, हमारी बात बोलेगी।' इसलिए इतनी तैयारी से जो कहा जाता है, वह औपचारिक भाषण नहीं होता।

ईसा ने कहा था, "मैं आपको प्रभावित कर वक्ता नहीं कहलाना चाहता, मैं

आप सबसे वे बातें कहना चाहता हूँ जो मैं अनुभव कर चुका हूँ।"

यही अनौपचारिक 'बातें' 'भाषण' हैं, जो अपनी 'रौ' में अत्यन्त असरदार और स्मृति में शाश्वत हैं।

पूर्व तैयारी के बगैर भाषण देना व्यर्थ है। विवेकानन्द जैसे गुरु ने भी कन्याकुमारी की समुद्रावृत्त शिला पर एकान्त चिन्तन कर अपने अभूतपूर्व भाषणों से विश्व-भर में अपना डंका बजा दिया था।

अपने भाषण कैसे तैयार करेंगे ?

आपका भाषण तभी तैयार होगा जब हम निम्न निर्देशों का पालन करेंगे।

- भाषण देना आवश्यक है। यह भाषण अपने अछूते अनुभव और तथ्यों पर आधारित होगा। यह मनःस्थिति रखनी होगी।
- भाषण में वही बातें कही जाएँगी जो सम्बद्ध हों। विषय से सम्बद्ध सभी बातें कहकर उसे उबाऊ बनने देना भी गलत होगा।
- श्रोताओं के हित की बातें कही जाएँगी। अपनी पसन्द की बातें नहीं।
- अपने भाषण विषय से सम्बन्धित व्यक्ति, मित्र या विद्वान से चर्चा हो सके तो करेंगे।
- विषय से सम्बन्धित लेख और पुस्तकें पढ़ेंगे। पत्रिकाओं और अखबारों से सामग्री लेंगे।
- भाषण मे स्थूल उदाहरण, कथाएँ, चुटकुले कवितांश, शेर इत्यादि का प्रसंगानुकूल प्रयोग करेंगे।
- भाषण को उपदेश, सूक्ष्मचिन्तन, क्लिष्ट शब्द-सिद्धान्त नहीं बनने देंगे।
- समस्त भाषण को बार-बार पढ़कर स्मरण रखने का प्रयास करेंगे।

प्रभाव को बढ़ानेवाली दो आन्तरिक शक्तियाँ

अब हम यहाँ भाषण के प्रभाव को बढ़ानेवाली एवं श्रोताओं को मन्त्रमुग्ध करनेवाली शक्तियों का रहस्योद्घाटन करेंगे।

भाषणकर्ता को यह रहस्य जानना जरूरी है कि उसके भीतर जो आन्तरिक शक्ति है वह अद्भुत, चमत्कारी, सर्वग्राही तथा व्यापक है। बड़े-बड़े व्याख्याता जब भाषण करते हैं तो श्रोता, धूप, पानी और तेज आँधी में भी मन्त्रमुग्ध-से सुनने को तत्पर रहते हैं।

ऐसे में वक्ता इसी आन्तरिक शक्ति का प्रयोग करते हैं। ये प्रयोग दो प्रकार के होते हैं। एक, अपने पास अधिकतम जानकारी सुरक्षित रखकर, दूसरे, श्रोताओं

को सम्मोहित करके।

(1) अधिकतम जानकारी का कोष हमारी वक्तृता की पूँजी है। हमें 100 मुद्दे मालूम हैं जिसमें 80 मुद्दे छोड़ देने हैं। हमारे पास दो घंटे बोल सकने की सामग्री है मगर आध घंटा ही बोलना है। ऐसे में हमारी आत्मशक्ति हमें विश्वास से भर देती है। इसके साथ-साथ संवेदना की सच्चाई हो तो अस्खलित प्रवाहमयी भाषा अपने आप निकलने लगती है।

'मेलघाट इलाके में गरीबी और भुखमरी के कारण कुपोषण से बच्चों की मृत्युदर बहुत बढ़ रही है।'—एक खोजी पत्रकार ने मुझसे कहा। उस स्थिति को देखने के लिए वह मेलघाट स्वयं गए।

वहाँ से लौटकर उन्होंने पत्रकार-परिषद ली। अखबारों में लिखा। सरकारी मशीनरी कार्यरत हुई, परन्तु कार्य में वेग न था। उन्होंने आमसभा ली। कुछेक वक्ता एकत्र हुए। मुझे अच्छी तरह पता है, पत्रकार महाशय कभी मंच पर बोले न थे। परन्तु उन्होंने मेलघाट का आँखों-देखा वर्णन कह सुनाया। उनके कथन की सच्चाई, संवेदनापूर्ण वक्तव्य, सच्ची मानवीय करुणा ने उनके भाषण को बड़ा ही प्रभावशाली बना दिया। वह 45 मिनट बोलते रहे। उनका कहना था कि उन्होंने जो कुछ देखा है उसे कहने के लिए तीन-चार घंटे लग सकते हैं।

श्रोता तो श्रोता सारे उपस्थित वक्ता भी भीतर तक करुणा से भीग गए। आज जब हम इक्कीसवीं सदी में प्रवेश करने जा रहे हैं यह दैन्य और अकाल जिसमें बच्चे कीड़ों की तरह मर रहे हैं, किस आजादी की, किस कल्याणकारी राज्य की व्यवस्था है ? किस रामराज्य की परिकल्पना है ?

इक्कीसवीं सदी में कैसे जाएँगे हुजूर
जब सोलवीं सदी शुरू है अपने शहर में ?

आँखों-देखा हाल, हृदय तक उतरी दुखद अवस्था, वह संवेदनापूर्ण मानवी-सत्य- सहानुभूति ने पत्रकार महोदय को जो शक्ति दी वह अच्छे-अच्छे वक्ताओं में भी नजर नहीं आई।

भाषण के प्रभाव को बढ़ाने के लिए भावना की ईमानदारी और सच्चाई से परिप्लावित सामग्री आवश्यक है। इसमें भाषण की औपचारिकता नहीं रहती। आत्मविश्वास के लिए प्रयास नहीं करना पड़ता।

एक दूसरे उदाहरण से उक्त बात स्पष्ट होगी। बाबा साहब पुरन्दरे महाराष्ट्र में शिवाजी की प्रशस्ति के वक्ता माने जाते हैं। वे शिवाजी के शौर्य का वर्णन विभिन्न घटनाओं के माध्यम से करते हैं।

यदि उन्हें शिवाजी और अफ़ज़ल खाँ प्रसंग सुनाना हो तो वे इस प्रसंग को

इतिहास में वर्णित मृत प्रसंग की तरह कदापि नहीं कहेंगे। वे दोनों वीरों की राजनीतिक स्थिति, बोलने का ढंग, शारीरिक विशिष्टता आदि का वर्णन करेंगे। फिर उस घटनावाले महीने का जो मौसम होगा, उसका तज्जनित पर्वतीय सौन्दर्य और वातावरण का वर्णन करेंगे। स्वयं उस मौसम में, उस दिन, उस समय, इस ऐतिहासिक भेंट को कल्पना की आँखों से देखने, उस स्थल-विशेष पर जाएँगे।

उस घटना को वह कल्पना से अधिक जीवन्त और सरसता से भरने का प्रयास करेंगे। भावना की यही सच्चाई, यही अन्तरंगता उन्हें अतिरिक्त आन्तरिक शक्ति से भर देती है। परिणामतः उनके भावोन्मेष की यही प्रबल धारा अनेकानेक श्रोताओं को मोहित कर देती है।

आप वक्ता की अतिरिक्त जानकारी से कैसे प्रभावित होते हैं, इसके लिए एक उदाहरण देखें—

आप टी.वी. खरीदने किसी दूकान पर जाते हैं। आपको 'वीडियोकॉन' का मॉडल चाहिए। एक दुकानदार मॉडल दिखाकर कीमत बता देता है। आपके हाथ में रिमोट कंट्रोलर देता है। रिमोट पर लिखे टाइमर, रिकॉल, म्यूट इ. का उपयोग बताकर भी स्टोर, स्टेट्स, पी.पी., सर्च एफ.टी. वाली बटनों का उपयोग नहीं बता सकता। वह कहता है—बड़ा भाई आने पर बता पाएगा। आप इसी बीच दूसरी दुकान पर यूँ ही अन्य मॉडल देखने पहुँच जाते हैं। वहाँ दुकानदार को उसी मॉडल की सारी जानकारी है। वह उस कम्पनी के कारोबार, जापान की दूसरी कम्पनियों से सहयोग और अन्य बातें करता है।

और आप उसके वीडियोकॉन मॉडल और कम्पनी की जानकारी से प्रभावित होकर वह मॉडल पहली दुकान से न खरीदकर, इस दुकान से खरीद लेते हैं।

श्रोता को वक्ता की अतिरिक्त भावभीनी जानकारी, उसकी सच्चाई, उसका विषय से अन्तरंग सम्बन्ध और रुचि प्रभावित करती है।

अपने वक्तृत्व को सरस, सजीव और प्राणवान बनाने के लिए स्थितियों को प्रत्यक्ष या अप्रत्यक्ष अनुभव कर संवेदना के स्तर पर भोगना बहुत जरूरी है।

सफलता के लिए सम्मोहन : सम्मोहन मन की अद्भुत शक्ति है। इसके कारण हम जो चाहते हैं वैसा ही घटित होता जाता है। घटनाओं का नियन्त्रण करने की शक्ति मन के लिए सहज साध्य है।

जीवन में हर कार्य की सफलता के लिए सम्मोहन का प्रयोग कैसे होता है, इसका खुलासा करना यहाँ जरूरी है।

हमारी धार्मिक व्यवस्था में ज्ञानी जनों से हमने बारम्बार उपदेश सुना है—'शुभ' बोलो। अशुभ और अमंगल की कल्पना न करो। हमारे वेदों-उपनिषदों

में भी ईश्वर द्वारा दिए जानेवाले शुभ वरदानों, सुखों और मंगलप्रद फलों का ही गायन है।

इसलिए हमें सोचना चाहिए कि हम सफल होंगे। हमारा भाषण जैसा हम चाहते हैं वैसा ही सफल और प्रभावशाली होगा। यदि हम सोचेंगे कि वह 'सर्वश्रेष्ठ' होगा तो अवश्य 'सर्वश्रेष्ठ' होगा।

जब हम सोचते हैं कि 'निकृष्ट' होगा तो 'निष्कृट' होगा। तात्पर्य सोचने से स्थितियाँ बदल सकती हैं। हम जो चाहते हैं वही होता है।

मन से घटनाओं का नियन्त्रण कैसे होता है ? जरा इस पर भी विचार करें। यदि हम सोचते हैं कि 'मेरा यह मित्र मुझे धोखा देगा, तो निश्चिय रूप से धोखा देगा।'

इसमें कोई बड़ा रहस्य नहीं है। जब हम कुछ बोलते या अपने आप से ही सुनते हैं या सोचते हैं तो हमारा व्यवहार एक विशिष्ट ढाँचे में ढल जाता है। फलस्वरूप हम स्वयं ऐसी घटनाओं का सृजन कर लेते हैं जैसा हमने बोला था या सोचा था। मित्र से हमारा व्यवहार ही शत्रुवत होते लगता है।

कंस की कथा में भी यही हुआ था। उसने देवकी के सातवें पुत्र से अपना वध होगा यह सोचकर देवकी के सभी नवजात शिशुओं की हत्या कर डाली। माता-पिता, बहन-बहनोई को कारागार में डाल दिया। अत्याचार शुरू कर दिए। अपने वध की सारी घटनाओं को स्वयं ही रचा। कोई भी मामूली व्यक्ति यही मानता है कि यदि वह अत्याचार न करता और यह कतई न मानता कि उसका भानजा ही उसे मारेगा तो उसका वध नहीं होता। रावण, कंस, बाणासुर और दुर्योधन ने भी स्वयं ही अपने वध की व्यवस्था कर डाली थी।

'मेरा मित्र मुझे धोखा देगा'—इस विश्वास के कारण हम मित्र से ऐसा ही संशयपूर्ण, दुर्भावयुक्त तथा शत्रुतुल्य व्यवहार शुरू कर देते हैं। और फिर वही होता है, जो हमने सोचा था।

इसलिए बार-बार बोलना और सोचना जरूरी है कि मेरा भाषण 'सर्वश्रेष्ठ' होगा।

अंग्रेजी में इसे 'ऑटो-सजेशन' (आत्मसम्मोहन) कहते हैं। मैं ही सफल होऊँगा। मुझे ही सर्वश्रेष्ठ वक्ता माना जाएगा—यह आत्मसम्मोहन घटनाओं को प्रभावित करता है।

अपने को सम्मोहित करने के लिए घटनाएँ चलायमान होने लगती हैं। अपनी इच्छानुसार घटनाक्रम बदलने लगता है।

मनोवैज्ञानिक कहते हैं कि लम्बे वाक्यों की अपेक्षा अति लघु वाक्य या एक

शब्द में कहा जाए तो 'सम्मोहन' का असर तीव्र होता है। मेरा भाषण सर्वश्रेष्ठ होगा, कहने की अपेक्षा 'मेरा ही' कहना ज्यादा असरकारक है।

आत्मसम्मोहन का असर बढ़ाने के लिए श्रद्धा और विश्वास का मजबूत होना जरूरी है।

आत्मसम्मोहन द्वारा घटनाओं को नियन्त्रित करने के लिए कुछेक साधक अपने आराध्य प्रभु की श्रद्धा का सहारा लेते हैं।

पीर, पैगम्बर, अवतार, गुरु या ईश्वर से दृढ़ आस्था इसी सम्मोहन को दृढ़ करती है।

इन पंक्तियों के लेखक ने 'आत्मसम्मोहन' का लम्बे समय तक ही नहीं, आज भी प्रयोग किया है। और भविष्य में भी करेगा।

कोर्ट में इस लेखक के विरुद्ध सहकर्मियों ने पन्द्रह मुकदमे दायर किए थे। लेखक की 'बाबा रामदेव' में अनन्य श्रद्धा है। उसी को लेकर 'आत्मसम्मोहन' किया।

एक उदाहरण उद्धृत करना चाहूँगा। सन् 1983 की बात है। प्राचार्य पद पर भाषावादी एवं जातीयवादी सहकर्मियों ने अपना दावा बताया। लेखक की पदोन्नति प्राचार्य पद पर हो चुकी थी। कोर्ट केस हुआ। रीजनल डायरेक्टर ऑफ म्युनिसिपल एडमिनिस्ट्रेशन के कोर्ट में केस चला। रीजनल डायरेक्टर थे श्री डी. एन. कपूर।

मैंने अच्छी तरह सोच लिया था—मैं ही जीतूँगा। इजलास में जोरदार जिरह जारी थी। मैं बैठे-बैठे बाबा की प्रार्थना में रत था, 'रामदेव बाबा म्हारी बिनती सुन लीजो, द्वारकानाथ बेड़ो पार कर दीजो।'

एक घंटा जिरह होती रही है। मेरा सम्मोहन काम कर गया था। बाबा रामदेवजी ने चमत्कार दिखा दिया था।

'द्वारकानाथ बेड़ो पार कर दीजो'—की पंक्ति में 'द्वारकानाथ' यह नाम बाबा रामदेव के लिए प्रयुक्त था और मेज पर डी.एन. कपूर की नाम पट्टिका पर लिखा था—श्री द्वारकानाथ कपूर, आई.ए.एस. यह पट्टिका फाइलों में से निकालकर चपरासी ने एक तरफ रखी तो मैं समझ गया। मेरा जीतना शत-प्रतिशत सम्भव है। मेरी प्रार्थना में प्रभु के लिए आया नाम न्यायाधीश के नाम का ही पुनरुच्चार था। यह संयोग ही चमत्कार है। यही सम्मोहन है।

बाहर निकलते ही मेरे प्रतिद्वन्द्वी ने कहा—"देख लिया ?" मैंने कहा—"हाँ, मैं ही जीतूँगा।"

प्रतिद्वन्द्वी बुझ गए।

सम्मोहन से बँधी ऐसी स्थितियाँ मैंने कई बार देखी हैं। मैंने 15 केस विभिन्न न्यायालयों में जीते हैं।

विरोधी मुझे 'सौभाग्यशाली' कहने लगे। वे मेरे सम्मोहन को क्या जाने ?

भाषण में सफलता के लिए यह 'सम्मोहन' उपयुक्त होता ही है—इस पर वक्ता शत-प्रतिशत विश्वास करें। आज़मा लें।

सम्मोहन को मनोवैज्ञानिकों, परावैज्ञानिकों और वैज्ञानिकों ने सही माना है।

पीर, पैगम्बर, ज्ञानी, सन्त, महात्माओं की यही सम्मोहन शक्ति उन्हें प्राकृतिक शक्तियों पर अधिकार करने में सक्षम कर देती है। यह कोई अन्धविश्वास नहीं है। मोइनुद्दीन चिश्ती, निजामुद्दीन चिश्ती, बाबा फरीदुद्दीन शकरगेज, मलिक मुहम्मद जायसी, बाबा रामदेव पीर, नानकदेव, साईंबाबा और यह अनन्त हाथोंवाला परमब्रह्म कोई असत्य कल्पनाएँ नहीं हैं। दुनिया के बुद्धिवादी व्यक्तियों ने भी पराशक्तियों को माना है। खुशवन्तसिंह के उपन्यास 'दिल्ली', बच्चन की आत्मकथा—'क्या भूलूँ क्या याद करूँ ?', अमृता प्रीतम की पुस्तक 'सात मुसाफिर' में इन शक्तियों का वर्णन है। खुशवन्तसिंह ने निजामुद्दीन चिश्ती की कथा को सुन्दर ढंग से वर्णित कर उनका प्राकृतिक शक्तियों पर अधिकार बताया है। 'सारे जहाँ के मालिक तुम हो निज़ाम चिश्ती'—यह सम्मोहनकर्ता साधकों का विश्वास है।

वक्ता को दृढ़ आस्था के सहारे इसी सम्मोहन द्वारा भाषण में ही नहीं, जीवन के हर क्षेत्र में सफलता अर्जित करनी चाहिए।

वक्ता सम्मोहन की विराट शक्ति की साधना करें।

सम्मोहन के लिए ईश्वरीय आस्था के साथ सकारात्मक सोच—पॉजिटिव थिंकिंग अत्यन्त आवश्यक है।

ईश्वरीय आस्था से जब हम आत्मसम्मोहन करने लगते हैं तो हमारे मुँह से निकले शब्द सही होने लगते हैं। 'मेरा भाषण सर्वोत्तम होगा'—इस वाक्य में 'नहीं' तो वर्जित है ही, मगर 'शायद या सम्भवतः' भी नहीं आना चाहिए। ऐसे शब्द मुँह से ही नहीं, मन में भी नहीं आने चाहिए।

हमारी धार्मिक गाथाओं में साधक तपस्वी-ऋषि-मुनियों तथा देवी-देवताओं के शापों-वरदानों की चर्चा है। तपस्वी और सिद्धजन अपनी श्रद्धा की दृढ़ता से अथवा सम्मोहन-शक्ति से घटनाचक्र को बदल दिया करते थे।

यही कारण है कि बुजुर्गों और पुण्यपुरुषों की सदिच्छा, आशीष, दुआ और कृपा की अभिलाषा की जाती है।

रामकृष्ण परमहंस के स्पर्शमात्र से नरेन्द्र नामी युवक में यह श्रद्धा,

आत्मविश्वास या इच्छाशक्ति जाग उठी थी। सम्मोहन की इस विराट शक्ति से वे मनुष्य तो क्या पशुओं को भी वश में कर सकते थे।

सन्त ज्ञानेश्वर ने भैंसे से गीता का पाठ करवाया था। इसे भले ही दन्तकथा कहा जाए, परन्तु सम्मोहन का असर सजीव तो क्या निर्जीवों पर भी होता है। एक महिला—मारिया विलियम्स केवल दृष्टि गड़ाकर काँच की पतीली के टुकड़े-टुकड़े कर देती थी। अपनी इच्छाशक्ति की गहनता से वह जलती मोमबत्ती बुझा सकती थी।

वस्तुतः गहरी श्रद्धा से आत्मविश्वास, आत्मविश्वास से इच्छाशक्ति और इच्छाशक्ति की गहनता से सम्मोहन की शक्ति जागती है।

जीवन में सफलता के लिए वह सम्मोहन कारगर होता है। भाषण देनेवाले को सम्मोहन-शक्ति की साधना के लिए निम्न निर्देशों को अंगीकृत करना चाहिए।

- भाषण की तैयारी पूरी कर लो। अपने आप पर विश्वास रखो। इस अपने आपको चाहे तो मन या आत्मा कहो। यह मन और आत्मा अलग-अलग शक्तियाँ हैं, परन्तु दोनों मिलकर आपका 'आपा' बनाती हैं। अपने पर श्रद्धा या अपने पर विश्वास रखो। यह आपा आपकी श्रद्धा को सफल करेगा। 'श्रद्धा ददाति फलं'।
- अपनी सफलता का चित्र आँख बन्द करके देखो। यह चित्र अधूरा भी हो तो चिन्ता न करो। आपका 'आपा' उसे अवश्य पूरा करेगा। अपने भाषण पर मन केन्द्रित करो।
- असफलता का चित्र मन से बलपूर्वक निकाल फेंको। इसकी आवश्यकता नहीं है। असफलता का चित्र अधूरा भी मन में न रखो। मन, आत्मा या 'आपा' असफलता के अधूरे चित्र भी पूरे कर देता है।
- यह नहीं होगा वाला 'नकार' तुरन्त हटा दो। किसी से ऐसी बात अपने प्रति सुनो तक नहीं। अब तुम उत्तम वक्ता हो।
- कठिनाइयों को सोचकर हल निकालो। उन्हें हटा देना हमेशा सम्भव है। उन्हें बढ़ाकर न सोचो। भाषण देने की कठिनाइयाँ और उनके हल इसी पुस्तक में दिए हैं।
- भाषण तुमने कइयों के सुने होंगे। स्मरण रहे, उनकी नकल नहीं करनी है। तुम स्वयं जैसे हो, कोई कितनी भी कोशिश करे तुम जैसा नहीं बन सकता। तुम अपनी शैली को विकसित करो।
- यह स्मरण रखो कि भाषण देते समय हर व्यक्ति तनावग्रस्त हो जाता है। यदि कोई बहुत से भाषण दे चुका हो तो उसका तनाव कुछ कम होता

है। परन्तु यह स्मरण रखो—'केवल तुम ही तनावग्रस्ततावाली स्थिति में नहीं हो।' बहुत से लोग चाहे जितने आत्मविश्वास से भरे लगते हैं, तुम्हारी तरह ही भीतर से घबराए हुए हैं।

- भाषण के बारे में तुम्हारी तैयारी और जानकारी बहुत ज्यादा है। दिन में अनेक बार भाषण से पूर्व इन चमत्कारी शब्दों को दुहराओ—मेरा आराध्य मेरे साथ ही रहता है। मेरा कोई शत्रु हो नहीं सकता।
- श्रोताओं में बैठे अपने शत्रु हों या मित्र, विद्वान हों या अपढ़ सभी को आत्मविश्वास की स्नेह-भरी दृष्टि से देखो। तुम्हारा सम्मोहन उन्हें बाँधता दिखेगा।
- बचपन हमारा साथ नहीं छोड़ता। हम अपने को छोटा ही समझते रहते हैं। अपनी सफलताओं को याद करो। यह भाषण उसी में इज़ाफ़ा है।
- भाषण को जाने से पूर्व पाँच बार यह मन्त्र दुहराओ। मैं ईश्वर की मदद से सब कुछ कर सकता हूँ—यह भाषण तो बहुत मामूली क्रिया है। चाहो तो इसे लिखकर कमरे में टाँग दो। यह केवल भाषण ही नहीं, अन्य क्रियाओं को भी शक्ति देगा।
- अपनी शक्ति का उचित मूल्यांकन करो। उसमें दस प्रतिशत वृद्धि करो। घमंडी नहीं बनना है। स्वाभिमान में वृद्धि होने दो।
- ईश्वर से हाथ जोड़कर उसकी शक्तियाँ माँगो। इस भाषण में यदि वह आस्था प्रविष्ट हुई तो चमत्कार होगा। इसी सम्मोहन की साधना सफल करो।
- वह ईश्वर तुम्हें अपनी गोद में लिये हैं। जरा सोचो, कितना सुरक्षित रखता है, कितना सुख देता है। वही आत्मविश्वास, आत्मशक्ति और श्रद्धा को बलवती करेगा।
- सोच लो, ईश्वर तुम्हारे साथ है। तुम्हें किसी क्षेत्र में कोई परास्त नहीं कर सकता। भाषण हो या जीवन-संघर्ष, सबमें तुम्हारी श्रद्धा ने तुम्हें सम्मोहन की शक्ति से प्रबलतर बना रखा है।

भाषण देना तो एक मामूली-सी बात है।

ऊपर दिए निर्देशों को बार-बार पढ़ो। इसके बाद भाषण देने को तैयार हो जाओ। स्मरण रहे, अपनी आत्मशक्ति को न पहचानना अपनी सम्भावना को दुत्कारना है। यह अपने प्रति और ईश्वर के प्रति पाप है।

अध्याय : तीन

अच्छे वक्ता और उनके भाषण

अच्छा वक्ता श्रोताओं को सम्बोधित करते हुए जो कुछ कहता है वह चिरस्मरणीय होता है। ऐसे भाषण बिरले ही होते हैं। हमें यह स्मरण रखना चाहिए कि अच्छे भाषणों की तरह ही बुरे भाषण भी स्मरणीय होते हैं।

बुरे भाषण वे हैं, जो बिना तैयारी के, बिना आत्मविश्वास के, भाषण के प्रति गम्भीर दृष्टिकोण रखे बिना ही दिए जाते हैं।

भाषण एक कला ही नहीं, विज्ञान है। इसमें सफलता के लिए पूर्वानुमान और दूरदृष्टि की जरूरत होती है। परन्तु कुछ वक्ता उसे गम्भीरता से नहीं लेते, मंच पर विदूषक बन जाते हैं। प्रथम दो अध्यायों में हमने वक्ता के लिए आत्मविश्वास की साधना के रहस्य प्रगट किए हैं।

आत्मविश्वासहीन वक्ता अधैर्य घबराहट और तनाव की वजह से जो कह बैठते हैं, उससे नए वक्ता को अवश्य बचना चाहिए। एक घटना हमारे छात्र जीवन की भूले नहीं भूलती।

मेरा एक मित्र था पांडेय। वह मेरा सहाध्यायी था। कर्मठ और अच्छा संगठनकर्ता। चुनाव जीतकर साहित्य समिति का सचिव बन गया। मैं अध्यक्ष निर्वाचित हुआ। हमारी साहित्य समिति का प्रतिवर्ष निर्वाचन होता था और कोई-न-कोई प्रतिष्ठित व्यक्ति उद्घाटन के लिए आमन्त्रित किया जाता था। उस वर्ष हमने विख्यात लेखक रामवृक्ष बेनीपुरीजी को आमन्त्रित किया था।

पांडेय पिछले अनेक कार्यक्रम आयोजित कर चुका था। समारोह के दिन तक उसे याद नहीं रहा कि सचिव की हैसियत से उसे भी कुछ-न-कुछ कहना ही पड़ेगा। सम्भवतः कार्यक्रम का संचालन भी करना पड़े। पांडेय ने संचालन एक अन्य छात्र को सौंप दिया और कार्यक्रम से आधा घंटा पूर्व मुझसे बोला, "यार दिन-भर की भाग-दौड़ में थक गया हूँ। मुझे भी कुछ कहना पड़ेगा, इसलिए दो

शब्द लिख दे। मैं याद कर लूँगा।'' इसके बाद वह नहाने चला गया। मैंने 'दो शब्द' वाला भाषण लिखा।

वह कपड़े बदलकर आया। उसने पढ़ा—

''हिन्दी के विख्यात विद्वान प्रयोगधर्मी-साहित्यकार, मिथिला की माटी के गन्ध-वाहक, स्वनामधन्य रामवृक्ष बेनीपुरीजी जैसे व्यक्तित्व को अपने के बीच पाकर हम धन्य हैं। आज वह हमारी साहित्य समिति का उद्घाटन कर रहे हैं, यह हमारे लिए अत्यन्त सौभाग्य की बात है।''

अन्तिम वाक्य पूरा होते ही हमारे बीच उपस्थित एक छात्र बोला—''कहीं 'सौभाग्य' को 'दुर्भाग्य' मत कह बैठना।''

''आज वह हमारी साहित्य समिति का उद्घाटन कर रहे हैं यह हमारे लिए अत्यन्त 'दुर्भाग्य' की बात है।'' पांडेय सहमकर खामोश हो गया। ''अरे यार ऐसा हो गया तो 'मारे गए गुलफाम।' वह चिन्तित था।

उसने, लिखा हुआ कागज जेब में रखा और समारोह के लिए निकल गया।

अब शायद वह उस शब्द के प्रति काफी सचेत हो गया था। यही सतर्कता उसके आत्मविश्वास को खंडित कर रही थी।

जिसकी आशंका थी। वह बोलते-बोलते—'दुर्भाग्य' बोल गया। पूरा हॉल हँसी से गूँज उठा।

रामवृक्ष बेनीपुरीजी ने कहा—भाई दुर्भाग्य तो आपने ही बुलाया है, वह अपने आप तो आया नहीं।

इस पर और ठहाके लगे। आत्मविश्वास शून्य, बिना तैयारी के दिया गया, वह भाषण मुझे कभी नहीं भूलता।

इसी प्रकार एक कवि सम्मेलन में एक धनी व्यक्ति को दो शब्द कहने को आमन्त्रित किया गया था। उसने सबसे अधिक चन्दा दिया था।

ऐसे अवसर पर उनसे अपेक्षा थी कि वे कहते--'रसिक श्रोताओ ! अखिल भारतीय स्तर का कवि सम्मेलन इस शहर में होना खुशी की बात है। यह हमारे शहर का सौभाग्य कहना चाहिए। आज की यह कविता-रजनी हम श्रोताओं के लिए ऐसा रस-वर्षण करे कि इसकी स्मृति हमारे हृदय को हमेशा-हमेशा भिगोती रहे। यही कामना करता हूँ।'

परन्तु वे महाशय बोलने लगे—''भैया बोलने को तो आपने 'ऑडर' दे दिया, मगर मैं ठहरा गँवार; पढ़ा, न लिखा। ऐसे विद्वान लोगों के सामने भला क्या बोल सकता हूँ ! तुम ही बाताओ। बोलो, क्या बोल सकता हूँ ? आप सबको हाथ जोड़ता हूँ।''

ऐसे भूलों से भरे, बेसिर-पैर के वक्तव्य भाषण नहीं कहला सकते। भाषण देने की तैयारी में भाषण की सामग्री कैसे तैयार की जाती है ? महान वक्ता अपने भाषण कैसे तैयार करते थे ? किसी आदर्श भाषण का नमूना ! और उसकी विशिष्टता आदि पर भी ध्यान देना होगा।

हमारे देश में भाषण : कला और विज्ञान इस विषय पर कोई चिन्तन आज तक नहीं हुआ है। इने-गिने महान वक्ता अवश्य हुए, परन्तु उन्होंने अपने कथ्य को कैसे रचा, किस प्राकर तारतम्य दिया और उसे कैसे अंगीकृत किया; इस पर कहीं कुछ नहीं लिखा गया है। इसका कारण यही था कि भाषण इस देश में सिखाने की चीज ही नहीं थी। जो व्यक्ति अपने प्रयास से भाषण दे लेता, वह चमत्कार की मूर्ति माना जाता। भाषण देने मात्र से 'लीडर' बन जाता था। इसलिए 'वक्तृत्व' ईश्वरीय देन मानी जाती थी, जिसमें अपने प्रयास को शून्य माना जाता है।

परन्तु विदेशों में भाषण की विषय-सामग्री की खोज, उसका तारतम्य और उसकी चर्चा के प्रति स्वयं वक्ताओं ने ही काफी कुछ कहा है। इसलिए इस प्रकरण में ऐसे ही सफल वक्ता तथा उनकी विषय-सामग्री के प्रति चर्चा होगी। साथ ही अच्छे भाषण का उदाहरण प्रस्तुत किया जाएगा।

भाषण तैयार करते समय कौन से मुद्दे प्रारम्भ में लें और कौन से बाद में, इसके विशेष नियम नहीं हैं।

विद्वज्जन कहते हैं—

- पहले तथ्यों का विवरण दो।
- फिर उन पर तर्क दो।
- फिर कार्यवाही के लिए श्रोताओं को प्रेरित करो।

कुछ विद्वज्जन दूसरे प्रकार से श्रोताओं को प्रेरित करते हैं यथा—

- अत्याचार या गलत क्या हो रहा है, यह स्पष्ट करना।
- फिर उसका निवारण कैसे सम्भव है, यह समझाना।
- श्रोताओं को एकता के बल पर न्याय के लिए प्रतिबद्ध करना।

परन्तु ये उन भाषणों के मुद्दे बनते हैं, जिनका उद्देश्य कोई आन्दोलन खड़ा करना है। वस्तुतः भाषण का उद्देश्य कोई-न-कोई सुधार ही है। इसलिए इसके लिए किसी उग्र आन्दोलन की हमेशा आवश्यकता नहीं होती। धीरे-धीरे क्रान्ति लाने का प्रयास प्रायः भाषण का उद्देश्य होता ही है। वक्ता को अन्त में अपना उद्देश्य बताकर, 'परिवर्तन' की अपील कर यथास्थिति को बदलने की जोरदार कोशिश भाषण के माध्यम से करनी ही चाहिए। हर भाषण 'सन्देश' देकर समाप्त

होना चाहिए। श्रोता भाषण पर अमल करते हैं तो निश्चित रूप से भाषण का 'उद्देश्य' सफल हुआ। कहना होगा, अप्रत्यक्ष रूप से वह भाषण ही सफल हुआ है।

भाषण की सामग्री

प्रत्येक वक्ता को अपने पास एक डायरी रखनी चाहिए जो ऐसी घटनाओं, कथाओं, शेर और कवितओं के लिखने के लिए जरूरी हो जिन्हें सुनकर श्रोता चमत्कृत हो उठें। रोज़मर्रा की जिन्दगी के संस्मरण, भावुकता पूर्ण और शिक्षाप्रद घटनाएँ, विशिष्ट व्यक्ति, उनके कथ्य, रोज के अखबार, उनमें छपी खबरें, सम्पादकीय और लेखों के अंश डायरी में नोट करना जरूरी है।

भाषण-प्रसंगों को अधिकाधिक असरदार बनाने के लिए इनका प्रयोग जरूरी है। कई देशों में समय निकालकर ऐसे प्रसंगों को नोट किया जाता है।

आप चाहे जितने व्यस्त हों, इस प्रकार ज्ञानवर्धन का कार्य होते रहना चाहिए। भाषण के लिए ऐसी सामग्री एकत्र करते चलें। अपने परिचितों या मित्रों से प्रसंगानुसार उस सामग्री की चर्चा करें। उसमें वर्णित प्रसंग और कथा इत्यादि को कहें। देखें कि उसका क्या असर श्रोता पर होता है। वांछित असर होने पर उसका भाषण विशेष में प्रयोग करें। थियोडोर रूजवेल्ट यह मानता था। वह सारे तथ्यों की खोज करके लिख लेता था। उन्हें देखता, परखता व समीक्षा करता था। फिर निष्कर्ष निकालकर उस सत्य को प्रगट करता जो अटल एवं अडिग होता है।

रूजवेल्ट भाषण तैयार करने के लिए एक पैड रखता। बोल-बोलकर स्टेनो से भाषण लिखवाता। बोलते समय मंचीय भावोद्रेक प्रकट करता। भाषण की प्रति टाइप होती तो वह उसे फिर सुधारता। उसमें कुछ और इज़ाफा करता या घटाता। कहाँ किस शब्द को किस ढंग से बोलना है, यह पेंसिल से उसी कागज पर लिख लेता।

वह कहता—मैंने जो कुछ हासिल किया है उसके लिए कठोर श्रम, निर्णय, सुन्दर नियोजन और निरन्तर कार्य करने को मैं सदैव तत्पर रहा हूँ।

वह अपना भाषण समीक्षकों को भी सुनाता और आवश्यक जगहों पर संशोधन माँगता। वैसे वह किसी का कहना तब तक नहीं मानता था जब तक कि वह उसकी स्वयं की तर्कशक्ति पर खरा नहीं उतरा होता। अखबार में उसका ऐसा ही भाषण प्रकाशित होता।

भाषण उसे हू-ब-हू स्मरण नहीं रहता था, अतः वह उसमें माइक पर बोलते समय फेर-बदल कर देता।

हमारे विचार से अच्छे भाषण में चमत्कारपूर्ण विवरण, श्रोताओं के हित की बात, मान्य परम्पराओं की समीक्षा, नवीन स्थापनाएँ, नवीन सुधार, जनप्रशिक्षण, श्रोताओं का ध्यानाकर्षण, मनोरंजन, आशा का संचार विरोधी मुद्दों को झुठलाना, जन-सहयोग की अपेक्षा, श्रोताओं को तत्पर हो जाने का सन्देश, शीघ्र कार्य में जुट जाने के लिए प्रेरित करना, स्वयं के नेतृत्व में श्रोताओं का विश्वास जगाना आदि बातें होना जरूरी हैं।

अच्छे भाषण का उदाहरण और उसकी समीक्षा

प्रसंग—शिक्षक-दिवस। पूर्व राष्ट्रपति डॉ. राधाकृष्णन का जन्मदिन।

तिथि—5 सितम्बर।

उद्देश्य—शिक्षक का महत्त्व-प्रतिपादन।

भाइयो, बहनो !

आज 5 सितम्बर है। यह शुभदिन हमारे पूर्व राष्ट्रपति डॉ. सर्वपल्ली राधाकृष्णन के जन्मदिन पर 'शिक्षक दिवस' के रूप में मनाया जाता है। यदि डॉ. राधाकृष्णन के महत् कार्यों पर विचार किया जाए तो यह स्पष्ट है कि वह संसार के महान दार्शनिक, भारत के सर्वोच्च पद पर अधिष्ठित राष्ट्रपति, और संसार के महान विश्वविद्यालयों में पढ़ानेवाले शिक्षक के रूप में विख्यात हैं।

उन्होंने इन तीनों रूपों में अपनी ज्ञान-गरिमा और आदर्श जीवनचर्या का परिचय दिया। सच्चा ज्ञानी जीवन तथा जगत की सच्चाई से अवगत रहता है। वह निर्भीक और सत्यवादी होता है। दर्शन शास्त्र इसी सच्चाई का अन्वेषण करता है।

डॉ. राधाकृष्णन ज्ञान की इसी उच्चतम स्थिति में अधिष्ठित थे। भारत सरकार ने उन्हें रूस में भारत का दूत बनाकर भेजा था। उनकी भेंट प्रशासक स्टालिन से तय की गई थी। भेंट किसी जहाज के डेक पर निश्चित की गई।

मिलते ही स्टालिन ने डॉ. राधाकृष्णन से पूछा, "आपको हमारा देश कैसा लगा ?"

डॉ. राधाकृष्णन ने उत्तर दिया, "यहाँ तानाशाही है। और जहाँ तानाशाही है, वहाँ व्यक्ति-पूजा होती है। आपका देश तथा उसकी जनता आजाद नहीं कही जा सकती।"

स्टालिन के तेवर चढ़ गए।

मुलाकात खत्म हो गई। डॉ. राधाकृष्णन विदा हुए। उन्हें अपने इस उत्तर के परिणाम की प्रतिक्रिया का अनुमान था।

सेक्रेटरी ने स्टालिन से पूछा, "इस व्यक्ति से क्या और कैसा व्यवहार किया जाए ?"

स्टालिन ने संयत होकर, सेक्रेटरी को टोका। वह बोला, "जाने दो, यह राजनीतिज्ञ नहीं है, यह दार्शनिक है।"

स्टालिन राजनीतिज्ञ और दार्शनिक का फर्क जानता था। वह जानता था—राजनीतिज्ञ कभी सच नहीं बोलता और दार्शनिक कभी झूठ नहीं बोलता।

स्टालिन से इतनी हिम्मत से सच बोलनेवाले डॉ. राधाकृष्णन यदि दार्शनिक न होकर राजनीतिज्ञ होते तो स्टालिन से कहा होता—'आपका देश, आपके नेतृत्व में पूरी तरह आजाद होकर कल्याण और सम्पन्नता के मार्ग पर सफलतापूर्वक बढ़ रहा है। आप और आपका देश विश्व के लिए आदर्श हैं।'

परन्तु उन्होंने झूठ नहीं कहा। उन्होंने जो कहा उसका तात्पर्य था कि तुम तानाशाह हो। यह देश तुम्हारी तानाशाही से आक्रान्त और गुलाम है। तुम्हारी शासन-व्यवस्था गलत है। उसमें सुधार होना चाहिए। मैं दार्शनिक हूँ। तुम्हारी झूठी प्रशंसा करनेवाला राजनयिक नहीं ! मुझे सच को सच और झूठ को झूठ कहने का अधिकार है। तुम तानाशाह हो तो मैं दार्शनिक हूँ। तुम अपने देश में प्रशासक हो इसलिए जनता तुम्हें पूजने को बाध्य है, मैं दार्शनिक और विद्वान सर्वत्र पूज्य हूँ। तुम्हारा चाटुकार नहीं !

उनके एक निर्भीकता से उच्चारित वाक्य में ऐसे अनेक वाक्य, अनेक अर्थ, अनेक ध्वनियाँ थीं।

स्टालिन समझ गया, वह राजनीतिज्ञ नहीं, दार्शनिक हैं।

परन्तु हम सब जानते हैं कि वह इसके अतिरिक्त संसार के सबसे बड़े प्रजातान्त्रिक देश 'भारत' के राष्ट्रपति भी थे।

राष्ट्रपति यानी देश के प्रथम पुरुष। राष्ट्रपति यानी देश के सर्वोच्च अधिकार प्राप्त व्यक्ति।

सर्वोच्च पद पर आसीन, सर्वाधिक उच्च एवं श्रेष्ठतम गरिमा से सम्पन्न व्यक्तित्व होता है राष्ट्रपति का।

यहाँ भी उनकी सत्यप्रियता और भारतीय संस्कृति से गहन सरोकार उनके कार्यकाल में प्रगट होता रहा है।

अपने विद्या-प्रेम के कारण उन्होंने प्रारम्भ में मद्रास से लेकर ऑक्सफोर्ड तक 'दर्शनशास्त्र' का अध्यापन भी किया था।

वह संसार-भर में विख्यात शिक्षक थे।

स्कॉटलैंडवासी एक मिशनरी से जब कहा गया कि वह 'भारत' में जाकर धर्म

प्रचार करे, तो उसने कहा था—"जिस देश में डॉ. राधाकृष्णन जैसे जगद्‌गुरु जन्म लेते हैं वहाँ भला मैं जाकर क्या धर्म प्रचार करूँगा ?"

कहने का तात्पर्य यह है कि डॉ. सर्वपल्ली राधाकृष्णन दार्शनिक, राष्ट्रपति और शिक्षक भी थे। एक साथ तीन विशेषताओं से युक्त।

उनकी जयन्ती का यह दिन 'शिक्षक-दिवस' के रूप में मनाया जाता है। 'राष्ट्रपति-दिवस' या 'दार्शनिक-दिवस' के रूप में नहीं।

उनका जन्मदिन 'शिक्षक-दिवस' के रूप में मनाया जाता है। इसका तात्पर्य यह है कि शिक्षक, दार्शनिक और राष्ट्रपति से बढ़कर होता है। हर प्रकार से शिक्षक का पद संसार में सर्वाधिक ऊँचा माना जाता है। इसलिए डॉ. सर्वपल्ली राधाकृष्णन का जन्म दिन उनके शिक्षक होने की विशेषता से यह सम्मान प्राप्त कर गया। शिक्षक में राष्ट्रपति की महानता और दार्शनिक की सच्चाई और ज्ञान समाहित होता है। मनुष्य मात्र के कल्याण की कामना होती है। गुरु को ईश्वर से ऊँचा स्थान दिया जाता है। कबीर कहते हैं—

गुरु गोविन्द दोऊ खड़े, काके लागूँ पाँय
भला हुआ गुरु आपने जिण गोविन्द दियो बताय

यहाँ गुरु के पाँव पहले शिरोधार्य माने गए हैं।

गुरु इसलिए श्रेष्ठतर है कि वह ईश्वर का पता देता है। प्रभु की पहचान देता है।

कहते हैं, 'अनगिन रूप अनादि तुम्हारे।'

जिसका एक रूप हो उसको पहचानना ही मुश्किल होता है, फिर वह जगत-नियन्ता तो अनगिन रूपवाला है, उसे कैसे पहचाना जाएगा ? गुरु उस ईश्वर की पहचान बताता है।

भला हुआ गुरु आपने जिण गोविन्द दियो बताय। गुरु बिन होहिं न ज्ञाना। गुरु बिन कौन बतावे बाट ?—कहकर महान और सिद्ध कवियों ने गुरु की महिमा गाई है। कुछ सम्प्रदाय तो गुरु को ही ईश्वरसम वन्दनीय मानते हैं।

हम ज्ञानशून्य हैं। ईश्वर को पहचानने की क्षमता गुरु देता है। गुरु बिना मिलै न ज्ञाना।

सन्त एकनाथ गंगा की काँवड़ रामेश्वरम् ले जा रहे थे। कन्धे पर गंगाजल, परम पवित्र जल ! हमारी संस्कृति की, धर्म की मान्यता है—हिमाद्रि की ऊँचाई की तरलता को सागर की गहनता से मिलाकर हम उस धार्मिक मान्यता को अर्थ देते हैं जो 'समन्वय' को भारतीयता की संज्ञा से अभिहित करता है। यह मुक्ति का प्रयास है।

रास्ते में चिलचिलाती धूप में उन्होंने देखा एक गधा धूप में पड़ा तड़प रहा है। प्यास और गर्मी से पीड़ित। उन्होंने कन्धे से काँवड़ उतारी और जो गंगोदक, रामेश्वरम् के भाल पर प्रवाहित करना था, उसके कंठ में प्रवाहित किया। तृषा-तृप्ति से उस निरीह प्राणी के प्राण लौट आए। जल तो जीवन है। सन्त ने उस गधे में रामेश्वरम् पा लिया। ईश्वर गधा बनकर मिला। वहा रे प्रभु ! तुझे पहचानने के लिए ज्ञान-चक्षु चाहिए।

दया धरम को मूल है।

मुखड़ा क्या देखे दरपन में, तेरे दया-धरम नहीं मन में।

दया, करुणा, ममता ही तो धर्म है। वही ईश्वर प्राप्ति का मार्ग है। ईश्वर को पहचानना, दया और धर्म की शिक्षा देना, आदमी को बेहतर आदमी बनाना गुरु का काम है। गुरु का काम है, शिक्षा देना। गुरु यानी शिक्षक।

बाकी लोग काँवड़ कन्धे पर रखकर निकल गए। अज्ञानियों ने ईश्वर को नहीं पहचाना।

ईश्वर कब किस रूप में मिलता है, यह पता नहीं। यह पहचाना कठिन है !

यहाँ ईश्वर रास्ते में तड़पता गधा बन गया।

भक्त पुंडलीक अपने माता-पिता की सेवा में रत थे। ईश्वर उनकी सेवा से प्रसन्न होकर उनकी सेवा देखने आए। द्वार पर ही खड़े थे कि पुंडलीक ने ईंट उनकी ओर फेंकी।

प्रभु रुकिए, इस ईंट पर खड़े हो जाइए, आपके स्वागत में यही पाँवड़ा बिछा रहा हूँ। अभी माता-पिता की सेवा में हूँ इससे निवृत्त हो लूँ, तो आपकी सेवा में उपस्थिति होता हूँ।

भगवान ईंट पर खड़े हो गए। भक्त की बाट जोहते। माता-पिता की सेवा से निवृत्त होकर वह आएगा, हमारी सेवा में। मगर भक्त पुंडलीक की सेवा अप्रतिहत चलती रही, अभंग, अखंड, निरन्तर ! माता-पिता की सेवा से वे निवृत्त नहीं हो पाए। पल निकल गए, वर्ष खत्म हुए, युग बीत गए—ईंट पर खड़ा ईश्वर प्रतीक्षारत है। आज भी पंढरपुर में 'वीटे वर उभा विठोबा'—वह प्रभु रास्ता देख रहा है ! अकेला खड़ा है, रुक्मिणी भी संग नहीं है !

भला माता-पिता की सेवा से विरत सन्तान को ईश्वर कैसे मिलेगा ?

परन्तु यह ज्ञान कौन देगा ? वही शिक्षक, वही गुरु ! हमारी संस्कृति की धुरा का वाहक ! धर्मधारी ! यहाँ माता-पिता वरेण्य हैं। वे ही ईश्वर हैं ! ईश्वर से श्रेष्ठतर !

एक वृद्ध व्यक्ति मुझे मार्ग में मिले। उन्होंने मुझे रोका। इधर-उधर की बातें

हुईं। पेंशनर—वे भी थे, मैं भी हूँ। बोले, "नया वेतन-आयोग लगा क्या ?" मैंने कहा, "नहीं।"

मैंने परिचय पूछा—वह उसी शिक्षक के पिता थे, जो मेरे बच्चे को पढ़ाते हैं। बात-बात में बोले, "वह अलग रहते हैं। उनका बेटा उनसे अलग है। पेंशन कम मिलती है। लड़का मदद नहीं करता।"

मैं इस जानकारी से क्षुब्ध था। जाकर मुख्याध्यापकजी से मिला। उन्हें सब बातें बताईं। मैंने उनसे कहा—इन शिक्षक महोदय को भक्त पुंडलीक की कथा पता है या नहीं ? यानी पता नहीं है तो पढ़ने को कहें। और यदि पता है तो कृपया मेरे पुत्र का उनकी कक्षा से स्थानान्तरण अन्य कक्षा में कर दीजिए।

वे बोले, "इस कारण यदि सभी छात्र स्थानान्तरण करवाने लगे, तो वे पढ़ाएँगे किसे ?"

मैंने कहा, "वह शिक्षक होंगे तो जरूर पढ़ाएँगे।"

अन्ततः, मेरे पुत्र का स्थानान्तरण हो गया। पता नहीं, नए शिक्षक भी नाम के शिक्षक निकले तो फिर क्या करूँगा ?

शिक्षक तो ज्ञानी होता है, मार्गदर्शक होता है। ईश्वर के रूप को पहचाननेवाला। जीवन को समझनेवाला।

हिन्दी में एक विख्यात कवि 'एक भारतीय आत्मा' (माखनलालजी चतुर्वेदी) थे। हर हिन्दी-भाषी जानता है उन्होंने 'फूल की चाह' यह कविता लिखी है। फूल कहता है—

> चाह नहीं मैं सुर बाला के केशों में गूँथा जाऊँ।
> चाह नहीं मैं देवों के सिर पर चढ़ूँ भाग्य पर इठलाऊँ॥

अन्त में वह फूल कहता है—हे वनमाली मुझे तुम उस पथ पर फेंक देना जिस पर वीर-जन मातृभूमि पर शीश चढ़ाने हेतु जाते हों। मैं उनके पैरों से कुचला जाना ठीक समझता हूँ—

> मुझे सुनो, प्यारे वनमाली, उस पथ पर तुम देना फेंक
> मातृभूमि पर शीश चढ़ाने जिस पथ जावें वीर अनेक।

यहाँ मातृभूमि को ईश्वर माना गया है।

ईश्वर अनन्त रूपी है। सच्चा ज्ञानी उसे पहचानता है। गुरु बिना मिले न ज्ञान ! कबीर कहते हैं—

> बाहर क्या देखे रे बन्दे वह तो तेरे पास में,
> ना काबे में, ना काशी में, ना तीरथ कैलाश में !

कबीर महागुरु थे ! शिक्षक की यही महानता है कि वह ज्ञानदायी है।

भारतीय संस्कृति में ही नहीं, संसार के समस्त सुसंस्कारित देशों मे शिक्षक का यही दर्जा है। शिक्षक का पद सर्वोच्च है।

इंग्लैंड में ऑक्सफोर्ड नामी एक सज्जन बड़ी आदर्श पाठशाला चलाते थे। दूर-दूर तक उनका यश फैलने लगा। राजा ने भी सुना और उन्हें बधाई का पत्र भेजा।

पत्र में लिखा, यदि आपको असुविधा न हो तो मैं आपकी आदर्श पाठशाला देखना चाहूँगा। कृपया उत्तर दें।

ऑक्सफोर्ड महोदय ने उत्तर दिया—आपका अपमान करना मेरा कतई उद्देश्य नहीं है। परन्तु शाला देखने कृपया न आएँ। यदि आप शाला में आएँगे तो विद्यार्थियों पर बुरा असर पड़ेगा। मुझे आपके स्वागत में खड़ा होना पड़ेगा। मेरे विद्यार्थी मुझे दुनिया का सबसे बड़ा ज्ञानी और शक्तिशाली व्यक्ति समझते हैं। यह समझ उनमें मेरे प्रति गहरी आस्था और पूज्यभाव भरती है। और यही भाव उन्हें आत्मानुशान से भरकर शिक्षित कर रहा है।

मैं आपके सामने जब हाथ बाँधकर खड़ा होऊँगा तो मेरी गुरुता उनकी दृष्टि में गिरेगी। वह लघुता में बदलेगी। मेरा विनत और दास्यभाव मेरे छात्रों की दृष्टि में मुझे छोटा कर देगा। और फिर अध्यापन में मेरा प्रभाव आज जैसा नहीं रह पाएगा। मैं दर्प के पोषण के लिए नहीं, विद्यार्थियों की अपने प्रति आस्था की रक्षा के लिए, आपके आगे हाथ बाँधकर खड़ा नहीं रह सकता। क्षमा करें।

प्रत्युत्तर में राजा ने लिखा—"अब हम आपकी शाला में अवश्य आएँगे। आपको अपने आसन से हमारे आगे खड़े होने की जरूरत नहीं है। आप अपनी कुर्सी पर बैठे रहिएगा। हम आपके सामने खड़े रहेंगे।"

यह है उस राजा की समझ, जिसके राज्य में कहीं सूर्य अस्त नहीं होता था। जिसके देश का दावा था कि वह संसार में सबसे उन्नत, शिक्षित और सुसंस्कृत देश है।

आज भी वहाँ राजा विश्वविद्यालय के कुलगुरु के आगे खड़ा रहता है। शिक्षक का यह पद इतना ऊँचा हाता है।

डॉ. सर्वपल्ली राधाकृष्णन का जन्मदिन इसीलिए 'शिक्षक-दिवस' के रूप में मनाया जाता है।

मैं प्रिय विद्यार्थियों से आज के शुभ दिन पर अपने गुरुजनों के प्रति गुरुभक्ति दर्शाने की बात कह रहा हूँ। आज यही मेरा सन्देश है। तुम्हारी पुस्तक के पहले पन्ने पर लिखा है—मैं अपने माता-पिता और गुरुजनों की आज्ञा का पालन करूँगा।

यह प्रतिज्ञा का पन्ना है, हर पुस्तक का पहला पाठ यही है। यह पाठ याद किए बिना आगे के पाठ समझ नहीं आते।

गुरु चाहे जैसे हों उन पर विश्वास करो। एक माटी की मूरत के सामने एकलव्य अपनी आस्था और विश्वास से सर्वाधिक श्रेष्ठ और कुशल धनुर्धर बन गया था। गुरु की आस्था फल देती है।

मैं शिक्षक बन्धुओं से भी निवेदन करता हूँ कि आप गुरु हैं, छात्रों को द्रोणाचार्य की तरह अपने से भी बड़ा, ज्ञानी और विद्वान बनाइए। इन विद्यार्थियों से स्नेह कीजिए। इन्हें आशीष दीजिए। आपके ज्ञान का अवदान इन्हें मिले, यही कामना इस 'शिक्षक-दिवस' पर करता हूँ।

धन्यवाद !

समीक्षा

यह एक उत्तम भाषण की विषय-सामग्री है। इसमें शिक्षक की महत्ता प्रतिपादित की गई है। डॉ. राधाकृष्णन का जन्मदिन उनके शिक्षक होने की विशेषता से जोड़कर मनाया जाता है, दार्शनिक या राष्ट्रपति होने की विशेषता से जोड़कर नहीं।

वह उत्तम दार्शनिक और भारत के राष्ट्रपति थे। दार्शनिक की विशेषता क्या होती है ? यह स्टालिन-प्रसंग से स्पष्ट होती है।

फिर गुरु की महत्ता बताई गई है। कबीर के दोहे का उद्धरण। गुरु ईश्वर की पहचान बताता है। ईश्वर अनेक रूपोंवाला है। नामदेव, पुंडलीक और माखनलालजी ने उसे किन रूपों में पहचाना—यह कथा और कविता द्वारा स्पष्ट किया है। इंग्लैंड के राजा का गुरु ऑक्सफोर्ड के प्रति सम्मान भाव भाषण को प्रभावी बनाता है।

इसके बाद विद्यार्थी एवं गुरुजनों को सन्देश। इस भाषण में कथा, घटना, कविता एवं दोहों का प्रयोग हुआ है। इस प्रकार भाषण में मनोरंजन का तत्त्व तो है ही, परन्तु वह स्मरणीयता की विशेषता से भी युक्त है। तर्कों का उत्तम संगुम्फन हुआ है। बतौर सन्देश, शिक्षक और छात्रों के कर्तव्यों को भी दर्शाया गया है। सूक्तियों का सुन्दर प्रयोग हुआ है। प्रस्तावना, मध्य भाग और उपसंहार में विषय विभाजित है। भाषण की सर्वांग सुन्दरता के कारण यह एक सफल भाषण का कथ्य कहा जा सकता है।

यह भाषण वक्ता के बहुश्रुत होने का साक्षी है। सम्बोधन सामान्य है। श्रोताओं को देखकर निश्चित किया जाएगा।

अध्याय : चार

भाषण में क्या कहना जरूरी है और क्या कहना नहीं

सबसे पहले यह जानना जरूरी है कि भाषण में क्या कहा जाए ? भाषण में जो कुछ कहना हो वह चार भागों में बाँट लेना चाहिए। प्रथम सम्बोधन, द्वितीय प्रस्तावना, तृतीय मध्य और चतुर्थ उपसंहार। किसी भी भाषण की विषय-सामग्री तय करते समय श्रोता किस प्रकार के हैं, यह जानना जरूरी है। मजदूर, विद्यार्थी, विद्वज्जन, श्रद्धालुजन, धार्मिक मनोभाववाले, किसी विशिष्ट सम्प्रदायवाले या सर्वसामान्य। इस प्रकार का विभाजन कर, फिर क्या और किस ढंग से कहना है, यह निश्चित करना होगा। इसी प्रकार आयु और मानसिक स्तर को भी भुलाया नहीं जा सकता।

प्राथमिक शाला के बच्चों के आगे जो भाषण दिया जाएगा, वह माध्यमिक शाला के विद्यार्थियों के आगे व्यर्थ होगा, इसी प्रकार माध्यमिक शाला के छात्रों के आगे दिया जानेवाला भाषण, महाविद्यालयीन छात्रों के लिए परिणामशून्य होगा।

सुधार मुहिम के तहद यदि कारागार के कैदियों के सन्मुख भाषण देना हो तो यह भाषण साधारण श्रोताओं के लिए तैयार भाषण नहीं हो सकेगा। विद्वज्जनों के लिए तैयार भाषण श्रमिकों के लिए व्यर्थ होगा।

इसी प्रकार प्रस्तावना से पूर्व श्रोताओं को सम्बोधन करना होता है। वक्ता अपने-अपने तरीके से श्रोताओं को सम्बोधित करते हैं; जैसे–'सज्जनो, सन्नारियो !' 'उपस्थित श्रोताओ !' 'भाइयो, बहनो !' ये सारे सम्बोधन सामान्य कहे जाएँगे। परन्तु विशेष प्रसंगों पर जब श्रोताओं को उस प्रसंग से जोड़ना होता है, तो यह सम्बोधन ऊपर जैसा सर्वसामान्य नहीं रह जाता।

कवि सम्मेलन हो तो 'माननीय रसिक गण !' निर्वाचन प्रसंग पर 'प्रबुद्ध मतदाताओ ! प्रवचन प्रसंग हो तो 'श्रद्धालु श्रोतागण !'

प्रसंगानुकूल सम्बोधन श्रोताओं को वक्ता से जोड़ देता है। कभी-कभी अच्छे वक्ता अपने भाषण के विषय विचार और उद्‌देश्य को सम्बोधन मात्र से जोड़ देते हैं। सम्पूर्ण भाषण सम्बोधन में प्रगट हो जाता है या यूँ कहें तो कोई अतिशयोक्ति न होगी कि सम्पूर्ण भाषण ही सम्बोधन के दो शब्दों में प्रगट हो जाता है।

यही योग्य 'सम्बोधन' होता है, जिसमें वक्ता क्या-क्या कहने जा रहा है ? उसका उद्‌देश्य क्या है ? यह जाहिर हो।

सम्बोधन के प्रति स्वामी विवेकानन्द का शिकागो के सर्वधर्म सम्मेलन में श्रोताओं को किया सम्बोधन भूला नहीं जा सकता। शिकागो सर्वधर्म सम्मेलन में स्वामीजी से पूर्व श्रोताओं ने वक्ताओं से औपचारिक सम्बोधन 'लेडीज एंड जैंटलमेन' ही सुना था। इसका हिन्दी अनुवाद 'सज्जनो एवं देवियो !' हो सकता था। परन्तु स्वामीजी ने इस घिसे-पिटे तात्पर्यहीन सम्बोधन से हटकर पहली बार 'सिस्टर्स एंड ब्रदर्स' (भाइयो बहनो !) का सम्बोधन दिया। यह नवीन भावपूर्ण सम्बोधन, उन्हें श्रोताओं से एक वृहद मानवीय सम्बन्ध में जोड़ गया। वे श्रोताओं के निकटस्थ हो गए। भारतीय संस्कृति और वैदिक धर्म की व्यापक संकल्पना और वृहद उदात्तता इस सम्बोधन से मुखर हो उठी।

इस सम्बोधन से वैदिक धर्म, विश्व धर्म और विश्व-बन्धुत्व का संवाहक है, यह स्पष्ट हो गया। उनके भाषण का मूल उद्‌देश्य यही था। भारतीय संस्कृति की सहिष्णुता और धर्माभिमुख जीवनचर्या का परिचय कराना ही उनके उस दिन के भाषण का हेतु था। इस प्रेमपूर्ण भाषण में ही उनका अभीष्ट, उनका आशय और उनका कथ्य जाहिर हो गया।

ऐसा अद्‌भुत सम्बोधन सुनकर श्रोता अभिभूत हो उठे और तालियों के माध्यम से वक्ता के प्रति अतिशय आदर का भाव व्यक्त किया। भारत को मदारियों, सर्पों, राजाओं और साधुओं का देश कहनेवालों को एक गेरुए वस्त्रधारी महात्मा ने भावना एवं विचार की कर्मभूमि में जीत लिया। यह जीत श्रोताओं पर विजय अवश्य थी, परन्तु उनकी पराजय के बिना। जब कोई अपना हृदय हार देता है, तो हारकर भी जीत जाता है। विवेकशील विद्वान श्रोता ही ऐसे सम्बोधनों का तात्पर्य जान सकते थे।

भाषण की विषय-सामग्री इस प्रकार सम्बोधन से प्रारम्भ होकर प्रस्तावना पर आ जाती है। प्रस्तावना का कलेवर लघु ही होना चाहिए। हमें शीघ्र की मध्य से मुख्य विषय को प्रारम्भ कर देना चाहिए।

यहाँ 'पूज्य बापू : और उनका मानवीय दृष्टिकोण' विषय को लेकर 'गांधी जयन्ती' का भाषण तैयार करेंगे :

भाइयो और बहनो !

जिगर मुरादाबादी का शेर है–

एक लफ़्ज़ मुहब्बत का, इतना सा फ़साना है,
सिमटे तो दिले-आशिक़, फैले तो जमाना है।

आज दो अक्टूबर है। मनुष्य मात्र को मुहब्बत का बन्धुभाव और प्रेम का सबके सिखानवाले, भारत के पुण्य पुरुष महात्मा और हमारे प्यारे बापू का जन्मदिन है यह दो अक्टूबर ! बापू जिनका हृदय विस्तार पाकर 'ज़माना' बन गया था। यह ज़माना, यह युग भारत तक ही सीमित न था, वह विश्वव्यापी बन गया था।

आइंस्टाइन ने कहा था–हाड़-मांस का शरीर लेकर ऐसा भी कोई व्यक्ति इस संसार में जन्मा था, इस पर शायद आगे आनेवाली पीढ़ियाँ विश्वास न करें।

सिमटे तो दिले आशिक़ फैले तो ज़माना है।

मनुष्य मात्र से प्रेम ही उनका अपना कर्म, धर्म और सिखावन थी। अंग्रेज स्वयं को संसार की सबसे सभ्य और सुसंस्कृत जाति का सदस्य समझते थे और यही फर्क देकर विश्व-भर में उन्होंने अपनी हुकूमत कायम कर रखी थी। उनके मतानुसार वे सभी पिछड़े देशों को सभ्यता और संस्कृति से सम्पन्न कर रहे थे। परन्तु गांधीजी ने उनके इस दावे को बेबुनियाद सिद्ध कर दिया। उन्होंने सिद्ध किया कि आजादी हर व्यक्ति का मूलभूत अधिकार है। प्रेम, सत्य और अहिंसा माननेवाले गांधी सभ्यता और संस्कृति में उच्चतम हैं। उन्होंने अंग्रेजों को समझा दिया कि सभ्यता की दृष्टि से, धर्म और मनुष्यता की दृष्टि से अंग्रेज अपनी ईसाइयत से भी हट गए हैं। अंग्रेज इस प्रेम, अहिंसा और सत्य का मुकाबला नहीं कर पाए।

यह प्रेम की शक्ति बड़ी विराट है। कैसे भी अत्याचारी को घुटने टेकने पर मजबूर कर देती है। 'मानवसेवा' की भगवद्‌भक्ति है'–सिखानेवाले गांधीजी अपने आप में एक अमोघ शक्ति थे।

गांधीजी ने भारतवर्ष को नहीं, दक्षिण अफ्रीका के लोगों को भी अत्याचारों से मुक्त करने का बीड़ा उठाया था।

रंगभेद से पीड़ित वहाँ की जनता को अपमान, गुलामी और भेदभाव से मुक्ति के लिए उन्हें कई बार जेलों की यात्रा करनी पड़ी। एक बार जब वे जेल में थे, वहाँ का जेलर उन्हें बहुत कष्ट दे रहा था। वह अत्यन्त कठोर तथा निर्दयी व्यक्ति था। गांधीजी का अनेक बार अपमान कर वह समझता कि वह अत्यन्त डरपोक किस्म के दब्बू व्यक्ति हैं।

गांधीजी ने फुर्सत में वहीं जेल में चर्मोद्योग सीखा था। एक दिन उन्होंने उस जेलर के जूतों का नाप मिट्टी पर पड़े चिह्न से ले लिया। और उसी नाप के जूते तैयार किए। जेल से मुक्त होते समय उन्होंने उस जेलर को अपने हाथों तैयार किए जूते भेंट किए।

जेलर गांधीजी के इस व्यवहार से चमत्कृत हो उठा।

गांधीजी के हाथों से वे जूते लेकर उसने कहा, "ये जूते पैरों में कैसे पहन सकूँगा ! ये तो सिर पर रखने की वस्तु हैं। मैंने ईसा का अपमान किया है।"

उसे अपने कर्म पर पश्चात्ताप हो रहा था। उसकी आँखों में आँसू थे। आज तक उसका पाला ऐसे कैदी से नहीं पड़ा था।

गांधीजी ने मानव प्रेम और सहिष्णुता से अपने शत्रु के प्रति भी सद्भाव का ऐसा उदाहरण प्रस्तुत किया, जिससे न केवल एक जेलर अपितु विश्व-भर को सन्देश मिला कि मनुष्य प्रेम ही सच्ची भगवद्भक्ति है।

एक समय था जब यह सारा देश गांधीमय था। भारत की सारी ताकत गांधीजी में थी। गांधीजी के पीछे देश चलता था।

'चल पड़े जिधर दो डग, मग में चल पड़े कोटि पग उसी ओर।'

गांधीजी भारत के प्रतिरूप थे। अपनी हिन्दी में जो बोलते, माँ भारती की वाणी होती। अपनी टेढ़ी-मेढ़ी लिपि में जो लिखते भारत की तकदीर होती। उस समय भारत गांधीमय था।

स्विटजरलैंड से एक नन्ही बालिका ने उन्हें एक पत्र लिखा। यह पत्र आज भी साबरमती आश्रम में सुरक्षित है :

'प्रिय बापू,

मैंने आपके प्रति बहुत कुछ सुना है। मैं आपसे मिलना चाहती हूँ। मैं सुनती हूँ कि आप इस युग में भी करुणा और प्रेम की मूरत हैं—ठीक ईसा मसीह की तरह !'

उस बच्ची के नीचे हस्ताक्षर किए हैं।

पत्र पर पता लिखा है—'गांधीजी, भारत में जहाँ कहीं हों।'

इस पत्र ने सिद्ध कर दिया है कि एक युग में गांधीजी को ही 'भारत' माना जाता था। गांधीवाद ही भारत की सोच, प्रेरणा और आदर्श था।

गांधीजी ने राजनीति में भी धर्म को समाविष्ट करवाया था। वह जीवन के हर कर्म को धर्म से जोड़ते थे। वह धर्म जो मनुष्य मनुष्य में कोई भेद नहीं करता। न रंग भेद के कारण, न जातिभेद के कारण और न अर्थभेद के कारण। कोई

ऊँच-नीच, कोई घृणा या कोई भी विभेद गांधीजी के सिद्धान्त के विरुद्ध था। वह प्रभु की पादपीठ वहीं समझते थे जहाँ स्नेह, प्रेम, दया और करुणा हो। जहाँ मनुष्यता हो।

गांधीजी किसी कारणवश लन्दन गए थे। वहाँ वह अपने किसी परिचित के पास ठहरे थे। गोपालकृष्ण गोखले को गांधीजी ने अपना राजनीतिक गुरु माना था। गोखलेजी को किसी नीति के अनुसार गांधीजी को सन्देश भेजना था। उन्होंने दीनबन्धु एंड्रूज़ को लन्दन भेजा। वह उन्हें ढूँढ़ते रहे, क्योंकि वह कहाँ रुके हैं, इसका पता न था। दो-चार दिनों में उन्हें लन्दन के किसी चर्च में प्रवचन करने का निमन्त्रण मिला। जिस दिन प्रवचन था, यह समाचार गांधीजी ने अखबार में पढ़ा। वह उस चर्च में पहुँचे, परन्तु उन्हें 'काला' आदमी समझकर प्रवेश नहीं मिला। वह प्रवचन केवल 'गोरों' के लिए ही था।

दूसरे दिन गांधीजी दीनबन्धु एंड्रूज़ से मिले, बोले, "चार्ली ! मैं कल तुम्हारा प्रवचन सुनना चाहता था, परन्तु मुझे चर्च में प्रवेश नहीं मिल सका। क्या कहा तुमने वहाँ ?" एंड्रूज गांधीजी का मुँह ताकते रहे। उनकी आँखों में आँसू की परत झिलमिला गई। "मोहन ! मैं तो तुम्हारे बारे में ही प्रवचन कर रहा था। मैं तो यही सिद्ध कर रहा था कि भारत में स्वयं 'ईसा' अवतरित हुए हैं। वही करुणा, वही स्नेह, वही सत्य।" उनका गला रुँध गया, "मगर मोहन यह कैसे हुआ ? उन्होंने तुम्हें भीतर नहीं आने दिया ? स्वयं ईसा ही चर्च के बाहर कर दिए गए ?"

इस प्रकार भाषण को मार्मिक कथाओं, कवितांशों से समृद्ध कर अत्यधिक सशक्त और असरदार बनाना चाहिए। आगे उपसंहार में वक्ता को इस कथ्य से निकले 'सन्देश' को कहना चाहिए और श्रोताओं को गांधीवादी मूल्यों की रक्षा के लिए प्रेरित करना चाहिए। आज भी अपने देश में परस्पर भाई-चारे की कमी है। अभी धर्मान्धता, जातिभेद, ऊँच-नीच की भावना हमारे बीच दरारें डाल रही हैं।

गांधीजी सदैव इस देश के लिए सामयिक और प्रासंगिक बने रहेंगे; यही इस भाषण का हेतु होगा। आज भी गांधीजी की जयन्ती मनाने के पीछे यही उद्‌देश्य है, यह कहना होगा।

भाषण के इस उदाहरण द्वारा हमें क्या कहना चाहिए—यह समझ में आ गया होगा।

ऐसे हृदयहारी प्रसंग जो श्रोता कभी न भूल पाएँ, वक्ता को अवश्य सुनाने चाहिए। उद्‌देश्य व्यक्त करते समय यह आवश्यक है कि हम यह बताएँ कि उस भाषण की उपलब्धि क्या है ? भाषण में श्रोताओं की रुचि बनाए रखने के लिए

ऐसे मार्मिक प्रसंग सुनाना अनिवार्य हैं। केवल सिद्धान्त और नियमों को सुनाना भाषण को औपचारिक और उबाऊ बना देता है।

श्रोताओं की दिलचस्पी के लिए उनके मतलब की बात करें। एक बार नगरपरिषद के कर्मचारियों की लम्बी सांकेतिक हड़ताल चल रही थी। करीब एक माह से कोई फैसला हो नहीं रहा था। मुझे हड़तालियों ने 'दो शब्द' कहने का आग्रह किया।

मैंने भाषण में हड़तालियों के मतलब की बातें ही कहीं। उनसे मुझे पूरी सहानुभूति तो थी ही। मैं चाहता था कि उनकी माँगें पूरी हों। मेरे भीतर की सच्चाई मेरे भाषण में मुखर हुई। यह भाषण सफल ही नहीं, कारगर सिद्ध हुआ। श्रोता-बन्धुओं ने मुझे इसके लिए धन्यवाद दिया।

भाषण के दौरान मुझे स्मरण है, कई बार करतल ध्वनि भी हुई।

श्रोताओं को या किसी प्रतियोगी को चुभनेवाली बातें न की जाएँ।

एक बार 'आर्यसमाज' मन्दिर में राणाप्रताप जयन्ती-समारोह रखा गया था। श्रोता के रूप में मैं भी उपस्थित था।

एक महाशय बोलने को खड़े हुए। मंच पर पहुँचते ही उनकी भावभंगिमा वीरोचित हो उठी। उधर महाराणा प्रताप की ओर इंगित कर, अपनी मूँछों पर हाथ फेरते हुए उन्होंने वीर-गाथाकालीन एक सवैया पढ़ा—जिसमें कवि राजा से कहता है—

कि हे राजन् ! आपके इस दरबार में, मैं भला वीररस की कविता कैसे सुनाऊँ ? यदि मेरी कविता सुनकर इनमें वीरोत्साह जागा तो ये मूँछों पर ताव कैसे देंगे ? अधिकतर तो मूँछ मुड़ाए बैठे हैं।

और फिर उन्होंने 'मूँछ-माहात्म्य' सुना डाला और महाराणा से अधिक उनकी मूँछों पर प्रकाश डालते रहे।

इसकी प्रतिक्रिया बड़ी भयंकर हुई !

श्रोताओं में अनेक बिना मूँछ के व्यक्ति भी थे। पूरे श्रोता दो गुटों में विभक्त हो गए। बिना मूँछवालों की संख्या अधिक थी। श्रोताओं में एक सुदर्शन व्यक्ति थे शर्माजी। वह प्रखर वक्ता के तौर पर जाने जाते थे। शर्माजी मंच पर आ धमके।

उन्होंने श्रोताओं को तर्क पर तर्क देने शुरू किए। उन्होंने अपने पूर्व के मूँछधारी वक्ता की बखिया उधेड़नी शुरू कर दी।

बोले, ''यदि मूँछ ही वीरता की निशानी होती तो राम और कृष्ण के भी मूँछें होतीं ? देखी हैं आपने कहीं किसी चित्र में इनकी मूँछें ? अलबत्ता मुष्टिक, चाणूर,

कंस, दुर्योधन, रावण, जरासन्ध, मेघनाद और कुम्भकर्ण आदि के मूँछें जरूर दिखाई जाती हैं। हम यह सामान्यीकरण फिर भी नहीं करते कि मूँछवाले व्यक्ति हर मूँछवाले की तरह अत्याचारी, घमंडी या मूर्ख ही होते हैं। ऋषि मुनि और अच्छे चरित्र के व्यक्ति जैसे भीष्म, दशरथ और पांडु भी मूँछवाले थे। फिर ये सामान्यीकरण कहाँ तक ठीक है कि हर बिना मूँछवाला व्यक्ति शौर्यहीन और कायर होता है ? मूँछें रख-भर लेने से कोई महाराणा प्रताप बन जाने का सपना देखता हो, तो आप उसे किस श्रेणी में रखेंगे ? मेरे पूर्व वक्ता ने मेरा ही नहीं, आप सबका अपमान किया है। खुले आम अपमान ! उन्हें क्षमायाचना करनी होगी !"

पूर्व वक्ता की बहुत हेठी हुई और भाषण-स्थल संग्राम-स्थल बनते-बनते बचा। इसी प्रकार भाषण में किसी की जाति, शरीर या चरित्र पर ओछी बातें कदापि नहीं होनी चाहिएँ ! इसी प्रकार श्रोता को आत्मश्लाघा से बचना चाहिए। जहाँ अपनी प्रशंसा करनी हो, अत्यन्त संयत ढंग से, सीमा में, विनयशील बनकर ही कुछ कहें। ऐसी बातों से वक्ता की गरिमा और महिमा को चोट पहुँचती है। भाषण के माध्यम से वक्ता का उत्कृष्ट चरित्र प्रगट होना चाहिए। वक्ता का शील, ज्ञान, उदारता, करुणा और संवेदनशीलता इत्यादि चारित्रिक गुण प्रगट होने चाहिए। उद्दंडता, असभ्यता और क्रोध इसका प्रदर्शन करना ठीक नहीं। जो भी भाव प्रकट किया जा रहा हो, उसका साधारणीकरण श्रोताओं से होते रहना ही वक्ता द्वारा श्रोताओं की नब्ज़ पहचानना कहलाता है।

भाषण की समाप्ति और अन्त भी हृदयग्राही और विचारोत्तेजक होना चाहिए।

वक्ता को अपना भाषण वहीं समाप्त कर देना चाहिए जहाँ श्रोता और सुनने को आतुर हों। वक्ता को लम्बे और उबाऊ वक्तव्यों से बचना चाहिए।

एक बार मुझे, मेरी ही सेवानिवृत्ति के अवसर पर भाषण करना था। मेरे पुराने विद्यार्थियों और नागरिकों ने यह आयोजन किया था। कई अध्यापक भी उपस्थित थे।

उन्होंने मुझसे मार्गदर्शन के साथ शुभाशीष की भी प्रार्थना की।

मैंने भाषण पूरा किया और समाप्ति पर एक लघु कविता सुनाई—

पर्वत ने नदी से कहा—सुनो !
नदी बोली—कहो।
पर्वत बोला—हम तो सूख रहे लेकिन तुम बहो !

जो पर्वत ने कहा, वही मेरी शुभकामना और आशीष है !

सुनकर मेरे श्रोता भीतर तक भीग गए होंगे। इसमें संशय नहीं है।

अध्याय : पाँच

स्मरण करने का सरल तरीका

एक मनोवैज्ञानिक सत्य है कि हम स्मरणशक्ति का उपयोग कठिन कार्य मानते हैं।

भाषण की तैयारी में वक्ता को भाषण याद रखना भी सम्मिलित है। वस्तुतः यह अत्यन्त ही सरल काम है। अपनी स्मरणशक्ति से उचित कार्य लेने के लिए उसकी विशेषताएँ समझ लेना आवश्यक है। तभी स्मरणशक्ति के प्रति हमारा भ्रम-निराकरण होगा।

हम जिन व्यक्तियों को प्रखर स्मरणशक्तिवाला समझते हैं वस्तुतः उनकी स्मरणशक्ति भी सामान्य जनों की तरह ही होती है। प्रत्येक व्यक्ति का 'इंटेलिजेंट कोशंट यानी बौद्धिक क्षमतांक', यह 108, 109 या 110 ही होती है। 110 से ऊपरवाले बिरले ही होते हैं। किसी विशिष्ट विषय में रुचि होने से, या बार-बार स्मरण करने से 108 बौद्धिक क्षमतावाला व्यक्ति, 110 वाले से अधिक बातें स्मरण कर सकता है।

स्मरणशक्ति 'क्षमता' से अधिक, 'उपयोग' की शक्ति है। कम क्षमतावाला प्रतिदिन नियमित रूप से जो याद करता है वह ज्यादा क्षमतावाले से कभी-कभी याद करनेवाला अधिक याद रख सकता है।

मनोवैज्ञानिकों ने स्मरणशक्ति के उपयोग के लिए तीन तरीके बताए हैं–

(1) बारम्बारिता, (2) प्रभावपूर्णता, (3) सम्बद्धता

बारम्बारिता : किसी तथ्य को याद रखने के लिए उसे बार-बार स्मरण करना बारम्बारिता के अन्तर्गत आता है। बारम्बारिता से हमारी स्मरणशक्ति निष्प्रयास तरीके से कार्यरत हो जाती है। हमने पहले पहाड़ा याद करने में बहुत कष्ट उठाया है, मगर आज हम बगैर प्रयास के पहाड़ा बोल सकते हैं।

बारम्बारिता के कारण प्रारम्भ में कष्ट होता है, परन्तु कुछ प्रयास के बाद

वह आत्मस्थ हो जाता है।

करत करत अभ्यास के जड़ मति होत सुजान
रसरी आवत जात ते सिल पर परत निशान !

जब तक निष्प्रयास होकर हम किसी तथ्य को स्मरण नहीं कर पाते, तब तक उसे बार-बार मनन करना चाहिए।

प्रभावपूर्णता : किसी भी दृश्य, कथा या कविता का जब हमारे मस्तिष्क-पटल पर असर होता है, तब वह हमें स्मरण होने लगती है। पहली बार किसी को गौर से देखने के कारण हम उस व्यक्ति को नहीं भूलते। हमारा माध्यमिक या महाविद्यालय का पहला दिन हमें नहीं भूलता। नौकरी का पहला दिन याद रहता है।

इसलिए याद करते समय, याद करने के मुद्दों को एक बिम्ब बनाकर मन पर उसका प्रभाव जितना अमिट बना सकें, बनाना चाहिए।

इस प्रभाव को गहरा करने के लिए अधिकाधिक इन्द्रियों का प्रयोग किया जाता है। किसी कथा को कानों से सुनकर, फिर पढ़कर, फिर लिखकर और फिर आँखों से देखकर हम अधिकाधिक इन्द्रियों द्वारा उससे परिचय करते जाते हैं। इस प्रकार वह घटना प्रसंग या तथ्य हमारी स्मृति में शीघ्र स्मरणीय हो जाता है।

सिनेमा में देखे प्रसंग जीवन-भर याद रहते हैं। इसका कारण दृष्टि और कान का समुचित, रुचिपूर्ण उपयोग होता है।

शालाओं में ऑडियो-विजुअल साधनों का प्रयोग इसीलिए आजकल किया जा रहा है।

सम्बद्धता : किसी तथ्य को याद रखने के लिए उसे किसी परिचित तथ्य से सम्बद्ध करना ठीक होता है। किसी व्यक्ति का नाम दिलीप कुमार है, हमें उसका नाम याद रखना है इसलिए दिलीप कुमार, जिसे हम अभिनेता के तौर पर जानते हैं, से उस व्यक्ति का सम्बन्ध जोड़ना पड़ेगा। इस व्यक्ति और दिलीप कुमार में क्या फर्क है ? क्या साम्य है ? दोनों में कोई मेल नहीं; मगर अभिनेता दिलीप कुमार भी कभी फल बेचता था और यह दिलीप कुमार भी फल बेचता है, यही दोनों में साम्य है। अब उस व्यक्ति के मिलते ही, हमें उसका नाम याद आ जाएगा चाहे वह चार-छह माह बाद ही मिले। कम-से-कम फल बेचने में तो वह दिलीप कुमार है।

सान्निध्य का यह प्रयोग स्मृति की कुशलता बढ़ाने के लिए किया जा सकता है।

पूरा भाषण स्मरण करने का बहुत सरल तरीका

अक्सर भाषण स्मरण करने की समस्या वक्ताओं को बहुत परेशान करती है। यहाँ हम ऐसा तरीका बताएँगे जो पूरा भाषण स्मरण करने का अनुभव सिद्ध और बहुत सरल तरीका है।

- पहले पूरा भाषण लिख लें।
- उसे सूत्रों में बाँट लें।
- सूत्र पढ़कर उन्हें स्पष्ट करें। इसके लिए पूरा भाषण पढ़ते चलें।
- अन्त में केवल सूत्र लिख लें।
- सूत्रों को सरल शब्दों में या मुद्दों के प्रथम शब्दों के प्रथमाक्षरों में स्मरण करें।

आगे हम बता रहे हैं कि यह तरीका पिछले भाषणों को याद करते समय कैसे उपयोग किया जाएगा।

शिक्षक दिवस। यह डॉ. सर्वपल्ली राधाकृष्णन के जन्मदिन पर मनाया जाता है। इसलिए डॉ. राधाकृष्णन की विशेषताएँ बतानी पड़ेंगी।

वह दार्शनिक थे—स्टालिन से भेंट की कथा।

वह शिक्षक थे और राष्ट्रपति भी थे। इन दोनों में उनकी ख्याति थी। परन्तु उनका जन्मदिन दार्शनिक या राष्ट्रपति दिवस के रूप में नहीं मनाया जाता। 'शिक्षक दिवस' के रूप में मनाया जाता है। शिक्षक में दार्शनिक और राष्ट्रपति दोनों समाए हुए हैं। इस प्रकार डॉ. राधाकृष्णन का परिचय हो गया है।

अब शिक्षक का महत्त्व सिद्ध करना है। कबीर का दोहा लेंगे।

ईश्वर से गुरु श्रेष्ठ है। वही ईश्वर का पता देता है।

ईश्वर बहुरूपी है। उसे ज्ञानी ही पहचानता है। यह ज्ञान गुरु से ही मिलता है। नामदेव, पुंडलीक और माखनलाल चतुर्वेदी की कविता 'फूल की चाह' ! इन तीनों महापुरुषों को ईश्वर का पता मिल गया था। एक को मरते हुए प्यासे गधे में, दूसरे को माता-पिता की सेवा में और तीसरे को मातृभूमि में।

शिक्षक के आगे राजा ने भी अपने को छोटा माना है। ऑक्सफोर्ड की कथा।

अब पूरे भाषण को हमने 10 पंक्तियों में लिखा है।

इसको अब सूत्रों में बदलेंगे—

- डॉ. सर्वपल्ली राधाकृष्णन की तीन विशेषताएँ—जिनमें शिक्षक होना श्रेष्ठ विशेषता है।
- शिक्षक कैसे श्रेष्ठ—कबीर, एकनाथ, पुंडलीक, माखनलालजी के उद्धरण—वह विवेक देता है।

- ऑक्सफोर्ड कथा—शिक्षक राजा से भी बड़ा होता है। अब पूरे मुद्दों का संक्षिप्तीकरण यूँ होगा—शिक्षक—स्टालिन—कबीर—एकनाथ—पुंडलीक—माखनलाल—ऑक्सफोर्ड।
  अतिसंक्षिप्तीकरण—शिक्षक, स्टा, एकनाथ, पुंड, माखन, आक्सफोर्ड
  स्मरणार्थ सूत्र—शिस्टा एक नाश पुंड आ।

या 'शिस्टाएकनापुंमाआ'

अब हम अन्तिम अक्षरसमूह को मन्त्रवत् याद कर लेंगे। फिर उनका संक्षिप्त रूप बनाएँगे। तदुपरान्त उन शब्दों द्वारा पूरा भाषण स्मरण होगा। इसके लिए पहले चरण में पूरा भाषण पढ़ा जाना चाहिए। एक-एक सूत्र से भाषण का विवरण याद आएगा। यह अनुभव सिद्ध तरीका है। इसी प्रकार लम्बे-लम्बे विवरण भी स्मरण किए जा सकते हैं।

मनोवैज्ञानिकों का कहना है कि हम अपने सम्पूर्ण जीवन में 10 प्रतिशत स्मरणशक्ति का भी प्रयोग नहीं करते।

पूरी-की-पूरी गीता, कुरान या बाइबिल याद रखनेवाले अनेक धर्मपरायण व्यक्ति हर समय संसार में होते रहे हैं। वर्तमान काल में हैं, पहले भी थे और भविष्य में भी होंगे।

वेदों-उपनिषदों को आदिकाल में स्मरण करके ही दुहराया जाता था। एक वेद को कंठस्थ करनेवाला वेदी, दो या तीन वेदों को कंठस्थ करनेवाले को द्विवेदी या त्रिवेदी कहा जाता था।

भाषण के मुद्दों को स्मरण करना और फिर उन मुद्दों में निहित विवरणों को स्पष्ट करना अत्यन्त सरल विधि है। इसके लिए दो-तीन बार 'रिहर्सल' कर लेनी चाहिए। भाषण के दौरान 'मुद्दा' स्मरण के लिए प्रारम्भिक वक्ता को दो-तीन सेकंड रुकना पड़ सकता है। यह 'रुकावट' अत्यन्त ही स्वाभाविक तरीके से होनी चाहिए। कोई घबराहट या अधैर्य का भाव चेहरे पर नहीं आना चाहिए।

'रुकावट' इस प्रकार की हो जैसे आप क्षण-भर चिन्तनशील हो गए हैं और अब जो भी कहने जा रहे हैं वह अत्यन्त मूल्यवान और दुर्लभ विचार है—श्रोता की यही भावना आपके प्रति रहनी चाहिए।

रुकावट का सबसे उत्तम उपयोग हमारे प्रधानमन्त्री अटलबिहारी बाजपेयी करते हैं। रुकावट कैसी हो यह उनके भाषण देख-सुनकर तय किया जा सकेगा।

भाषण की प्रस्तावना करते समय उन्होंने महाभारत की यह कथा—रुकावटवाली शैली में—यूँ सुनाई थी, गौर करें—

"महाभारत की एक कथा है—युधिष्ठिर तालाब पर पानी लेने गए—उनसे

पहले उनके सभी भ्राता पानी लाने गए थे—परन्तु लौटे नहीं थे—युधिष्ठिर चिन्तित थे...''

रुकावट ज्यादा लम्बी न हो। उसमें भूलने का भाव कदापि प्रकट न हो। कुछ सोचकर बोला जा रहा है यही भाव प्रगट होना चाहिए। इसके सिवाय यदि रुकावट की आवश्यकता न हो तो बोलते रहना बुरा नहीं है। भाषण उत्तम प्रकार से देने के लिए रुकावट कोई अनिवार्य शर्त नहीं है।

भाषण को सूत्र रूप में याद करके यह सूत्र मन-ही-मन दुहराया जा सकता है। भाषण को लिखने के बाद याद करने का मतलब शब्दशः दुहराना कदापि नहीं होता। सूत्र याद रखकर अच्छी-से-अच्छी भाषा में उसे व्याख्यायित करना ही अपेक्षित है। स्मरण की गई भाषा में हमारी बोलचाल की भाषा में अधिक फर्क नहीं होना चाहिए। पूरा भाषण हमें अपनी रोज़मर्रा की भाषा में ही लिखना चाहिए। यदि हम साहित्यिक भाषा बोलते हों तो फिर वही हमारी भाषण की भाषा भी होगी।

स्मरणशक्ति का उपयोग करने से भाषण में बहुत अधिक ओज और प्रभाव आता है। बोलचाल में भी शुद्ध और सँवरी भाषा का प्रयोग करना चाहिए। हमारी भाषा से हमारे व्यक्तित्व और शिक्षा-दीक्षा का पता चलता है। गँवई भाषा का उपयोग अपढ़ लोगों की तरह हमारी छवि को गिराता है।

विस्मरण होना स्वाभाविक है, यह कोई अजूबा नहीं है। ऐसी दशा में जो याद आता है वही बिना धैर्य खोए, बिना घबराहट के बोलते चले जाना चाहिए। बीच में मुद्दे छूटते हों तो भी परेशान होने की आवश्यकता नहीं। प्रारम्भ के दो-चार भाषणों के बाद आप अपने तैयार भाषण में समयस्फूर्त सूत्र भी बोलते चले जाएँगे। समय पर सूझी ऐसी बातें, वक्ताओं को प्रायः श्रोताओं को देखकर सूझने लगती हैं। नए वक्ता और पुराने वक्ता में यही फर्क होता है कि नया वक्ता कुछ भूल सकता है और पुराना वक्ता समय पर नई बातें कह सकता है। नया वक्ता वह है जो कुल चार भाषण दे लेता है। पाँचवाँ भाषण देनेवाला वक्ता पुराना वक्ता माना जाता है, क्योंकि उसकी झिझक और संकोच खत्म हो जाता है। संकोच खत्म होने पर अपनी भाषण शैली, आवाज, शारीरिक हाव-भाव और कथ्य में बहुत बड़ा परिवर्तन होने लगता है।

प्रारम्भिक भाषणकर्ताओं को भाषण विस्मृत होने की दशा में या सूत्र सोचने की स्थिति में थोड़ा अन्तराल चाहिए। उसके लिए यहाँ एक विधि बताई जा रही है।

अक्सर ऐसी अवस्था में भाषण में बोले जा रहे वाक्यों के अन्तिम शब्दों का

सहारा लेकर अगला वाक्य बोला जाता है। यह एकाएक चुप रह जाने से होनेवाले उपहास को टालने का उत्तम उपाय है। सूत्र याद आ जाने पर फिर से गाड़ी पटरी पर आ जाती है।

यहाँ विस्मरण की स्थिति में भाषण जारी रखने के लिए क्या बोला जा रहा है, दृष्टव्य है–

"मित्रो ! मैं इस शाला के प्रति कहने जा रहा हूँ। मैं यह कहने जा रहा हूँ कि इससे मेरा सचमुच बहुत पुराना सम्बन्ध है। पुराना सम्बन्ध यानी दशकों का। मुझे याद आता है कोई छह दशक पूर्व एक छात्र बच्चा-सा यहाँ भरती हुआ था। भरती हुआ यानी भरती कराया गया। हॉफ पैंट पहने एक टूटी पट्टी का टुकड़ा लिये। पट्टी का टुकड़ा इसलिए कि आज जैसी 'अनब्रेकेबल' पट्टियाँ उस समय कहाँ मिलती थीं।"

इस वाक्धारा को 'अन्तिम शब्द' लेकर बढ़ाया जा रहा है। बिना रुके भाषण इसी ढंग से शुरू रखा जा सकता है। इस दौरान 'सूत्र' को स्मरण किया जा सकता है। वैसे यह बात एक वाक्य में भी कही जा सकती है। यथा–मित्रो ! मेरा इस शाला से 60 वर्ष पुराना सम्बन्ध है। मैं छह वर्ष की उम्र में यहाँ दाखिल हुआ था। फिर यहीं मुख्याध्यापक भी रहा।

सूत्र को स्मरण रखना कठिन नहीं है, परन्तु कठिनाई फिर भी लगे तो 'हथेली' पर लिख लेना चाहिए।

शिक्षक दिवस के भाषण का सूत्र तो केवल–'शिस्टाएकनापुमाआ–' ही है, हथेली पर लिखें या फिर सामने रखी किसी चिट पर ! सूत्र याद आने पर रस ले-लेकर उसमें निहित बातें बोलते चलिए जैसे आप अपने मित्र से गप्पें हाँक रहे हैं।

अध्याय : छह

देखने की भी विधा है भाषण

भाषण मंच पर होनेवाली क्रिया है। नाटकों में जो आकाशभाषी पात्र कहलाता है, वस्तुतः वह बहुलांश में वक्ता ही होता है। आकाशभाषी पात्र मंच पर इधर-उधर घूमकर संवाद बोलता है। उसके संवाद सुननेवाला मंच पर कोई नहीं होता। वह अपने आपसे बातें करता है और अपने मनोभावों को शब्दों में प्रगट करता है। वक्ता मंच पर इधर-उधर नहीं डोलता। वह श्रोताओं को सम्बोधित करता है। परन्तु शारीरिक हाव-भाव, मुखमुद्रा, स्वर का उतार-चढ़ाव और स्पष्टता के लिए वक्ता और अभिनेता दोनों को सावधान रहना पड़ता है।

इसलिए भाषण केवल सुनने की नहीं, देखने की भी चीज है। भाषण को असरदार बनाने के लिए 'भाषण में क्या कहना है ?' इस पर ही पूरा ध्यान केन्द्रित करने से भाषण प्रभावशाली नहीं बनेगा। 'भाषण कैसे दिया जाएगा ?' यह भी विचारणीय होगा।

अभी तक हम भाषण के कथ्य पक्ष पर ही विचार करते रहे हैं। अब जरा उसके श्रव्य और दृश्य पक्ष पर भी विचार करें। या दूसरे शब्दों में भाषण के प्रस्तुतीकरण पर विचार करें।

भाषण का श्रव्य पक्ष

माइक-व्यवस्था : भाषण कर्ण मधुर न सही, परन्तु कर्णकटु भी न हो, इसका ध्यान रखना वक्ता के लिए अत्यन्त आवश्यक है। माइक पर बोलते समय कुछ बातों पर ध्यान देना बहुत जरूरी है। माइक से मुँह की दूरी कम-से-कम एक फुट तक हो। यदि एक फुट तक दूर की आवाज माइक के रेंज में न आए तो उसे कम करवा लेना चाहिए। 'साउंड-सिस्टिम' का पूरा ध्यान रखकर बोलना चाहिए। आवाज न बहुत ऊँची हो, न बहुत नीची। आवाज का समान रूप से श्रोताओं तक पहुँचना ही उत्तम ध्वनि व्यवस्था है।

पथ्य : अपनी आवाज ठीक रखने के लिए गला तर रखना जरूरी है। गला सूखने से आवाज में खराश पैदा होती है। बोलने से पहले कुछ लोग नमक के दाने मुँह में डालते हैं। कुछ लोग किशमिश चबाते हैं। कुछ लोग गर्म पानी में शहद मिलाकर पीते हैं। गला साफ रखने की दृष्टि से बहुत खट्टी चीजें नींबू, दही या मट्ठा नहीं खाना चाहिए।

भाषण देने से पहले का भोजन भी हलका होना चाहिए। फल या एकाध कप चाय या दूध लेना चाहिए। भाषण देने से तीन घंटे पहले तक किया भोजन वक्तृत्व पर असर नहीं डालता। गरिष्ठ भोजन सुस्ती और मानसिक निष्क्रियता पैदा करता है।

भाषण देते समय शरीर और मन हलका-फुलका, स्वस्थ और आनन्दपूर्ण अवस्था में रहना चाहिए। पेट में गैस से उठनेवाली आवाजें, पेट दर्द या सिर का भारी होना जैसी अवस्थाएँ वक्ता की वक्तृता पर विपरीत असर डालती हैं।

टेपरिकॉर्डर : भाषण देने से पहले और बाद में टेपरिकॉर्डर बहुत ही उपयोगी साबित होता है; इसका भरपूर लाभ उठाना चाहिए। अपने भाषण को टेप पर सुनने के लिए, पहले पूरा भाषण स्मरण कर लें। ठीक उसी ढंग से बोलें जिस ढंग से मंच पर बोलना है। जब आप अपनी ही आवाज सुनेंगे तो वह अपरिचित-सी लगेगी। प्रायः यह देखने में आता है कि आपने अपनी आवाज सही रूप में सुनी ही नहीं होती।

टेपरिकॉर्डर वक्ता के लिए अत्यन्त उपयोगी साधन है। इस पर जाँचिए कि आप शब्दों का उच्चारण सही कर रहे हैं या गलत। कभी-कभी अपनी जानकारी में हम जिन शब्दों का उच्चारण सही समझते हैं, सुनने में वे गलत साबित होते हैं। टेपरिकॉर्डर पर अपनी आवाज का स्वतःपरीक्षण हो जाता है।

आवाज गले से निकलनी चाहिए। कुछ लोगों को जरूरत से ज्यादा जल्दी-जल्दी बोलने की आदत होती है। कुछेक अक्षरों को वे शब्द में छोड़ देते हैं—दरवाजे में 'र', सिखलाने में 'ख', और बोलने में 'ल' का उच्चारण वे नहीं करते। 'है' और 'हैं' का उच्चारण 'हे' करते हैं। 'श' और 'स' दोनों का उच्चारण 'स' ही होता है। 'न' और 'ण' का प्रयोग एक-सा करते हैं। पढ़े-लिखे लोग भी सुन-सुनकर अपढ़ लोगों के ढंग से बोलते पाए जाते हैं। एक वकील साहब राजस्थान से आए थे, बोले—"मुझे पाणी पीणे में कोई दिक्कत नहीं है, आप अपणी कहें !"

पता नहीं वे 'न' और 'ण' दोनों वर्णाक्षरों में उच्चारण भेद क्यों नहीं कर पाते थे। मैं बार-बार 'पानी' कहता रहा, पर वे 'न' को शायद 'ण' ही सुन रहे थे।

इसी प्रकार क्ष को 'ख' या 'च्छ' कहनेवाले भी हैं—कक्षा उनके लिए 'कच्छा' बन जाती है।

कुछ लोगों को नकियाने की आदत होती है। हर बात नाक से बोलते हैं। कुछ लोगों को अनुनासिक उच्चारण करना नहीं आता। साँसें उनके लिए 'सासे' और 'कान्हा' उनके लिए 'काना' होता है।

कुछ अन्तिम शब्द को ही धीरे बोलते हैं या अन्तिम शब्द के अन्तिम अक्षर को इतने हलके से बोलते हैं कि वह सुनाई नहीं देता। जैसे—'वह जाता है' को 'वह जाता...' 'हाँ मैं बनाऊँगा मका—'। यहाँ 'है' और मकान का 'न' सुनाई ही नहीं पड़ता।

आप माइक पर प्रभावशाली तभी लगेंगे जब अपने वाक्यों को सही ढंग से बोलेंगे। सभी शब्दों का उच्चारण सही करेंगे। अन्तिम शब्दों को भी साफ-साफ, श्रवणीय स्वर में बोलेंगे। किसी भी एक वाक्य को, जैसे "हाँ यही है मेरा भाग्य, मेरी नियति," अपनी आवाज में उतार-चढ़ाव लाकर और थोड़ा मनोभावों का मिश्रण करके अलग-अलग ढंग से बोलकर देखिए। शान्ति, आश्चर्य, भय, सन्तोष, करुणा क्रोध, आशंका, उदासी, व्याकुलता और प्यार-भरे अनुनय के ढंग से इस वाक्य को बोलकर सुनिए। अपने भाषण में भी ऐसे वाक्यों को खोजिए जो विशिष्ट मनोभाव की अपेक्षा रखते हैं। उन्हें बोलने का ढंग बदलकर देखिए।

टेपरिकॉर्डर पर पूरा भाषण टेप करके वह भाषण कितनी 'देर' का है, यह भी जान सकना सम्भव है। आपको यदि निर्धारित समय तक ही बोलना है, तो लम्बे भाषण के अनावश्यक अंशों का संक्षिप्तीकरण करने से या छोटे भाषण को कुछ बढ़ाकर यह सम्भव होगा। टेपरिकॉर्डर पर समयावधि को कम या अधिक करके व्यवस्थित किया जा सकेगा।

स्वर में आवश्यक उतार-चढ़ाव भी लाना ठीक रहेगा। कोमल भाववाली बातें कोमल ढंग से, आह्वान, ललकार या क्रोधवाली बातें ऊँचे और तीखे स्वर में बोलिए। स्वर इतना ऊँचा न हो कि श्रोता हँसने लगें या इतना धीमा भी नहीं कि मिमियाते नजर आएँ या फिर माइक ही आपका स्वर न पकड़ सके।

टेपरिकॉर्डर पर भाषण में स्पष्टता लाने के लिए बहुत से सुधार सम्भव हैं। अपने समीक्षक हम स्वयं बन सकते हैं। भाषण के श्रव्य-पक्ष को टेपरिकॉर्डर से सुनकर सुधारा जा सकता है। बोलते समय आपके स्वर में 'कम्पन'; बिकुल न आए। इससे आपकी घबराहट प्रकट होगी। किसी की 'घबराहट' और 'परेशानी'—श्रोताओं के लिए हँसने का कारण बन सकती है।

बोलते समय बीच में रुकें। 'रुकावट' किस प्रकार भाषण को प्रभावशाली

बनाती है, इस पर हम प्रकाश डाल चुके हैं।

भाषण का दृश्य-पक्ष

भाषण देखने की भी चीज है। भाषण केवल सुनने या पढ़ने की चीज नहीं होते। अमेरिका में एडमंड बर्क के भाषण तर्क, सूझ-बूझ एवं गठन के लिए विश्वविख्यात हैं। आज एडमंड की मृत्यु के कई वर्षों के बाद भी उनके भाषण अध्ययन की वस्तु माने जाते हैं। जब वह 'हाउस ऑफ कामंस' के सदस्य की हैसियत से बोलने को खड़े होते अन्य सदस्य सदन छोड़कर बाहर निकल जाते। उनका भाषण सिर्फ सुनने या पढ़ने की चीज था। इसलिए उनके भाषण को एक निबन्ध माना जाता था। उनके बोलने को खड़े होते ही लोग कहते—'भोजन की घंटी हो रही है, चलो चलें।' वह भाषण के उत्तम लेखक, किन्तु कमजोर वक्ता थे। भाषण का कथ्य सशक्त होकर भी भाषण देने का उनका तरीका उबाऊ था। जब तक दृश्य-पक्ष शक्तिशाली न हो 'प्रस्तुतीकरण' कमजोर माना जाता है।

दर्पण का प्रयोग

आदमकद आईने के सामने उसी मुद्रा में खड़े हो जाएँ जिसमें आप मंच पर खड़े होनेवाले हैं। शारीरिक मुद्राएँ बदल-बदलकर देखिए। हाथ सामने बाँधे हुए, पीछे की तरफ बाँधे हुए, कमर पर रखे हुए या ढीले छोड़े हुए, जैसे भी आप ठीक समझें, रखें; विवेकानन्द की तस्वीरों में खड़े होने की जो मुद्राएँ हैं, वे निश्चय ही निर्भीक व आत्मविश्वासी वक्ता की हैं। महाराष्ट्र के पी.के. अत्रे मंच पर पीछे हाथ बाँधकर भाषण शुरू करते थे। इन शारीरिक मुद्राओं से भाषण प्रारम्भ करके फिर मुद्राएँ बदली जा सकती हैं। भाव प्रकटीकरण के लिए हाथों का उपयोग होता है।

एक बात ध्यान में अवश्य रखनी चाहिए कि अपने विचार या भाव की ठीक अभिव्यक्ति के लिए हाव-भाव का प्रयोग अत्यन्त स्वाभाविक तरीके से होना चाहिए। कठपुलियों-सा अंग संचालन कृत्रिम लगता है।

दर्पण के सामने बोलते समय दोनों हाथों को भावों के अनुसार हिलने दें। अनावश्यक हस्त-संचालन न हो तो अच्छा रहेगा। जिस जगह आवाज का उतार-चढ़ाव हो वहाँ बगैर हस्त संचालन के प्रभाव नहीं पड़ेगा।

इसका एक तरीका और भी है। इधर टेप किया भाषण शुरू किया जाता है और उधर वक्ता टेप पर अपना भाषण सुनकर उसके अनुसार आवश्यक स्थानों पर हस्त-संचालन करता है। भाषण में नाटक को अत्यन्त स्वाभाविक रूप में प्रस्तुत करना अनिवार्य है।

दर्पण के बारे में जनोक्ति है–'दर्पण झूठ न बोले'। दर्पण का सत्य अपनी आँखों से देखें। यह देखा गया है कि दर्पण के सामने किए हुए हाव-भाव अपने आप भाषण में प्रकट होकर अत्यन्त स्वाभाविक लगते हैं। यह अनुभूत 'सत्य' है। यह रहस्य वक्ता को आज़माकर देख लेना चाहिए। दर्पण में यदि आप अपने को सही प्रस्तुतीकरण करता पाएँ तो दो-तीन बार रिहर्सल पर लीजिए। बाद में भाषण करते हुए अपने हाव-भाव, मुख मुद्राएँ, हस्त-संचालन और शरीर व्यापार को सहज चलने दीजिए। यह सब कैसे हो ? इसका कोई नियम नहीं है। आप जैसा कर रहे हैं, विश्वास रखिए, वही ठीक है।

एक बार एक नाटक का 'रिहर्सल' चल रहा था। नाटक में नायिका का रोल करनेवाली अभिनेत्री अनुभवी थी। निर्देशक उसे हाव-भाव बता रहा था। एक संवाद था–"हाँ वह रही मेरी पुत्री, कह दीजिए उसे कि उसकी माँ क्या करती है ?" निर्देशक ने अभिनेत्री से दाहिना हाथ उठाकर संवाद कहने को कहा। अभिनेत्री बायाँ हाथ उठाकर कह रही थी। निर्देशक ने जब दाहिना हाथ उठाने का कहा तो वह बोली–"मेरा बायाँ हाथ ही चलता है। उसी से स्वाभाविक लगेगा।"

नाटक में ही नहीं, वक्ता को श्रेष्ठ वक्तृत्व के लिए यह श्रम करना ही पड़ेगा। किसी समारोह का संचालन, सभा को सम्बोधित करना, वोट माँगना, जनता से अपील करना, विरोध करना या सम्मति जताने के लिए मंच पर खड़े होना और भाषण देना जरूरी होता है। ऐसे में भाषण असरदार बनाना भी जरूरी है।

अपने कथ्य के साथ अपने भाषण के श्रव्य और दृश्य पक्षों को सँवारकर हम अपने भाषण को आकर्षक, असरदार, मनोरंजक और श्रेष्ठ बना सकते हैं।

अध्याय : सात

आन्तरिक शक्तियों का प्रयोग

पिछले अध्याय में हम आन्तरिक शक्तियों का प्रयोग आत्मविश्वास वृद्धि के लिए कैसे हो सकता है, यह बता चुके हैं। इस अध्याय में इस पर विस्तारपूर्वक चर्चा होगी। अलग-अलग स्थितियों में आन्तरिक शक्ति का उपयोग करने के लिए वक्ता को किस प्रकार आत्मबल का प्रयोग करना होगा, आगे यह सोदाहरण स्पष्ट किया जाएगा।

आत्मबल ही आत्मविश्वास या श्रद्धा है। केवल भाषण देने के लिए नहीं, समस्त जीवन को सफलतापूर्वक जीने के लिए भी आन्तरिक शक्ति का प्रयोग करना चाहिए। आन्तरिक शक्ति का प्रयोग भाषण के लिए करके यही सीखा जा सकता है कि इसका चामत्कारिक प्रयोग जीवन में हर समस्या से जूझने के लिए कैसे करें ? एक बात स्मरण रखें, अच्छे वक्ता बनकर हमारे व्यक्तित्व में भी सुधार आ जाता है। व्यक्तित्व में सुधार का तात्पर्य है–व्यवहार, विचार और कर्म में सुधार। यही जीवन की सफलता का कारण भी बनता है।

रामकृष्ण परमहंस के जीवन का एक प्रसंग उल्लेखनीय है। रामकृष्ण परमहंस की ख्याति एक सिद्ध के रूप हुई तो एक युवक नरेन्द्र 'परमहंस' की पराशक्तियों की परीक्षा के लिए बेचैन हो उठा। उसे लगा, विज्ञान के युग में यह व्यक्ति लोगों को भ्रमित कर अन्धविश्वास फैला रहा है। और आडम्बर रचकर अपना उल्लू सीधा कर रहा है।

नरेन्द्र अत्यन्त प्रतिभाशाली छात्र था। उसके मन में 'श्रद्धा' न थी। मन में खालीपन था। ईश्वर के प्रति विश्वास न था। वह अपनी इसी अश्रद्धा को लेकर रामकृष्ण परमहंस के पास गया। उसे विश्वास था कि उसके प्रश्न सुनकर उनका सारा आडम्बर खुल जाएगा।

नरेन्द्र ऐसे ही विरोधी विचार लेकर उनके पास पहुँचा। रामकृष्ण परमहंस ने

उसे देखा। वह उसके पास चले आए। उसका हाथ पकड़ा। उसकी आँखों में आँखें डालीं और समस्त ममता व स्नेह को अपने कंठ में भरकर बोले, "नरेन्द्र ! मैं तुम्हे कब से खोज रहा था ? तुम कहाँ थे ?"

उनके स्पर्शमात्र से नरेन्द्र की सारी शंकाएँ, सारा अविश्वास, सारी अश्रद्धा क्षण-भर में काफूर हो गई। वह परमहंस के चरणों में गिर पड़ा। उसका आत्म प्रकाश-प्रदीप्त हो उठा। नरेन्द्र को गुरु मिल गया।

परमहंस ने नरेन्द्र को आत्मबल से भर दिया। परमहंस का उन पर इतना विश्वास होगा कि अपने ज्ञान और विचार का संसार में प्रसार करने के लिए वह उन्हें ही नरेन्द्र से विवेकानन्द बना देंगे, यह तब उन्हें पता न था।

सच्चा गुरु ही सच्चा शिष्य खोज लेता है। जिसे शिष्य ढूँढ़ते हों वह गुरु नहीं, ढोंगी होता है।

नरेन्द्र में अपरिचित आत्मबल जाग उठा। ऐसा आत्मबल जो जीवन में सफलता के सोपान चढ़ता है। बालक नरेन्द्र ने विवेकानन्द बनकर जो कुछ किया वह उसी आत्मशक्ति के आधार पर किया जिसे हम आत्मबल, आत्मशक्ति, श्रद्धा या आन्तरिक शक्ति के नाम से जानते हैं।

वक्ता को ऐसा गुरु न मिले, तब भी वह अपने प्रयत्न से अपने भीतर निहित इस आत्मशक्ति को जगा सकता है। हम पहले ही कह चुके हैं कि यह केवल भाषण दे सकने की शक्ति नहीं, हर कार्य सफलतापूर्वक कर सकने की शक्ति जगाएगा।

प्रार्थना

इस शक्ति को जगाने के लिए हमें ईश्वर से प्रार्थना करनी होगी। 'प्रार्थना' का महत्त्व विश्व के सभी धर्मों में एक-सा है। वैज्ञानिक सफलताओं का आधार ईश्वरीय शक्तियों का वही आह्वान है जो प्रार्थना द्वारा ही सम्भव होता है। किसी भी कार्य को करने से पहले ईश्वर से अपनी सफलता के लिए प्रार्थना करनी चाहिए। भाषण के लिए जाते समय मन-ही-मन प्रभु से कहें, 'हे ईश्वर तू अपनी शक्तियों को मेरी शक्ति में मिला दे। मुझे वही सफलता दे जो तू हमेशा अपने बन्दों को बता देता है।'

ज्ञानियों ने कहा : "इस विश्वास को कभी मत डिगने दो कि तुम सफल नहीं होंगे। आत्मविश्वास, सकारात्मक सोच और आशावाद को ईश्वर से प्राप्त करो।"

बाइबिल कहती है : "यह न भूलो कि आत्मविश्वासपूर्ण ऐसी श्रद्धा सृष्टि की रचनात्मक शक्तियों को आपकी ओर खींचती है। ऐसा श्रद्धालु अपनी रचनात्मक

शक्ति से ईश्वर और सृष्टि की ऐसी रचनात्मक शक्ति का मेल करके जीवन के हर कदम पर सफलता हासिल कर लेता है।''

नरेन्द्र और परमहंस के उक्त उदाहरण में विश्वास और श्रद्धा की शक्ति का आश्चर्यजनक चमत्कार हम देख चुके हैं। संसार के सभी धर्मग्रन्थ इस आन्तरिक शक्ति की सफलता पर एकमत हैं।

कभी-कभी ऐसा होता है कि वक्ता के लिए श्रोताओं में अपने कट्टर शत्रु समूह की उपस्थिति, महिलाओं अथवा विद्वज्जनों का शामिल होना घबराहट, संकोच और भीरुता का कारण बनता है। वस्तुतः यह 'हीन भावना' नहीं है। वक्ता की अन्य किसी कमजोरी का कारण भी नहीं है। यह तो प्रायः सभी वक्ताओं की कठिनाई हो सकती है। इसके निराकरण के लिए विचार करने की पद्धति में बदलाव लाना आवश्यक है।

हम बार-बार लिख रहे हैं कि व्यक्ति को अच्छा वक्ता बनने के लिए अपने भीतर से अच्छा बनना पड़ेगा। आत्मविश्वास मानवी चरित्र और श्रद्धा पर टिकी रहनेवाली शक्ति है। अपराधियों में आत्मविश्वास नहीं होता, यह पुलिस विभाग के अदना-से-अदना कर्मचारी को मालूम होता है। इसलिए अपराधियों से गुनाह काबूल करा लेना बड़ी बात नहीं होती। बात की बात में वे टूट जाते हैं।

आत्मविश्वास-भरी सफलता के लिए अपने आपको प्रार्थना से जोड़ना पड़ता है। ईश्वर से दूसरों के लिए प्रार्थना करें। एक पादरी ने अपने जीवन के कुछ उदाहरण दिए हैं। इनमें उन्होने उन परिचितों और अपरिचितों के लिए भी प्रार्थना की जो उनके विरोधी थे या उनसे कोई सम्बन्ध रखने की स्थिति में न थे।

वह लिखते हैं, ''मैं रेलगाड़ी के दरवाजे पर खड़ा था। रेल छूटने में कुछ देर थी। प्लेटफॉर्म पर दूर, एक गरीब बच्चा बैठा था। मैं ईश्वर से उसके लिए प्रार्थना करने लगा। 'हे प्रभु, इसे सुखी करो !'। रेल चलने लगी। वह बच्चा मेरी ओर देखकर मुस्कराने लगा। हाथ हिलाकर उसने 'बाय' कहा। प्रार्थना की शक्ति ने उसे मुझसे जोड़ दिया था।''

आन्तरिक शक्ति अपने आवर्त्त में, इसी प्रकार प्रवाहित होकर समस्त प्राणियों को और सांसारिक स्थितियों तक को आकर्षित कर बाँधा करती है। भाषण देने जाते समय यह भाव हमारे काम आ सकता है।

हम सोच सकते हैं : 'यह जो हमारा शत्रु बैठा है, शत्रु नहीं है। यह हमारा मित्र है। ईश्वर इसका भला करे। हम से कुछ अच्छी बातें सुनकर जरूर हमारे प्रति मैत्रीभाव से भर उठेगा। ये जो माताएँ-बहनें बैठी हैं, मेरी सगी माँ-बहनों से अलग नहीं हैं। यहाँ सभी लोग मेरे अपने बैठे हैं।'

अपने आत्मभाव का यह प्रसार ही आत्मबल या आत्मविश्वास से हमें भर देगा। और यही प्रार्थना उस विराट श्रोता समूह को वक्ता से जोड़ देगी। विवेकानन्द का 'भाइयो-बहनो' वाला सम्बोधन इसी जुड़ाव के कारण मुखरित हुआ था। हर श्रोता को यह भाव अवश्य आजमाना चाहिए।

प्रार्थना की शक्ति हमें आत्मविश्वास से भरती है और समस्त श्रोता हमारे अपने बन जाते हैं। सारा आत्मसंकोच या हीनता की भावना या अन्य भावनात्मक परेशानी इस सोच से दूर हो जाती हैं।

अब हमें चिन्ता नहीं होती कि हम अफसल होंगे। आस्था की दृढ़ता के आगे महत्त्वाकांक्षा की पूर्ति की चिन्ता करना व्यर्थ है !

हाँ, एक अत्यन्त आवश्यक रहस्य यहाँ उद्घाटित कर रहे हैं। जब हम भाषण की पूरी तैयारी कर चुके हैं, ईश्वर की प्रार्थना कर आत्मविश्वास जुटा चुके हैं तो निश्चित रूप से हमें सफलता मिलेगी ही।

ऐसे में शान्त और धैर्य भाव रखते हुए हम यह न सोचें कि 'हमारा भाषण सर्वश्रेष्ठ हो।' ईश्वर वैसे भी हमें पूरी मदद देगा। फिर यह तनाव क्यों रखा जाए ?

अब वक्ता एक ऐसी स्थिति में आ जाता है कि जब वह नहीं, आन्तरिक शक्तियाँ स्वयं कार्यरत हो जाती हैं। आत्मशक्ति का यह चमत्कार हर कठिनाई और चिन्ता के दौर में देखा जा सकता है। भाषण में यह और खुलकर नजर आता है।

अपनी आँखों के आगे हार का चित्र कदापि न आने दें। ऐसे चित्र निकाल फेंकें। भाषण देने से पूर्व प्रभु से प्रार्थना करें। अति संक्षिप्त प्रार्थना : 'हे प्रभु ! मन पर अब तनाव नहीं है। हे ईश्वर, तू मेरा निर्देशक है। मैं सफलता के उस रास्ते पर हूँ, जो मेरे लिए तूने बनाया है। और अगर आगे कोई कठिनाई हुई, तो हे ईश्वर ! जहाँ नहीं है वहाँ तू अवश्य राह बनाएगा। मैं अपने मन को ईश्वर की दया से भर रहा हूँ व्यर्थ की चिन्ता और तनाव से नहीं।'

वक्ता के लिए आन्तरिक शक्तियों का प्रयोग अवश्य चमत्कारपूर्ण होगा। इसे आजमाकर देखें।

अध्याय : आठ

कुछ सामान्य निर्देश

अच्छा वक्ता बनना पूरी तरह हमारी दृढ़ इच्छाशक्ति पर निर्भर करता है। जीवन के हर कठिन कार्य को दृढ़ इच्छाशक्ति से सफलतापूर्वक किया जा सकता है। यह बड़े-बड़े चिन्तकों और पराक्रमियों ने सिद्ध कर दिया है। गम्भीरता से विचार किया जाए तो भाषण देना बहुत सरल कार्य है, किन्तु इसका 'प्रभाव' बहुत विस्तृत होता है। भाषण देने के काम को श्रोता बहुत मुश्किल तथा सबसे न हो सकने वाला कार्य मानकर चलते हैं।

ऐतिहासिक घटनाओं में भाषणों के चिरस्थायी प्रभावों की कथाएँ अवलोक्य हैं। एक प्रसंग देखें :

बाबर राणा सांगा से हारने की स्थिति में आ गया था। उसने अपने सिपाहियों के समक्ष दीन-ईमान और शौर्य से परिपूर्ण ऐसा प्रभावशाली भाषण दिया कि उसके सिपाही जोश, हिम्मत और उत्सर्ग की भावना से भर उठे। बाबर ने अपने भाषण में उस ईश्वरीय शक्ति का आवाहन किया जो अमोघ होती है। अपने सिपाहियों से बाबर ने कहा—इस फतह के बाद हम कसम खाते हैं कि फिर कभी शराब नहीं छुएँगे।

युद्ध में राजपूत हारे, क्योंकि वे जीतने को लड़ रहे थे। मुगल जीते क्योंकि वे मरने के लिए लड़ रहे थे।

भाषण के प्रभाव ने इतिहास का रुख मोड़कर धर दिया था।

भाषण देने की उत्कट इच्छा

जीवन में हर आकांक्षा की पूर्ति के लिए उत्कट इच्छा की आवश्यकता होती है। उत्कट इच्छा हमारी सोई शक्ति को जगा देती है। यह शक्ति इतनी प्रबल और रहस्यमय होती है कि हम जो चाहते हैं वह प्राप्त कर लेते हैं।

अतः अपनी आँखें बन्द कर लें। एक चित्र आँखों के आगे लाएँ कि आप जनसमूह के आगे भाषण दे रहे हैं। मन्त्रमुग्ध कर देनेवाले प्रखर वक्ता की भाँति धाराप्रवाह होती अपनी ही वक्तृता को खुद सुनें। ऐसा बार-बार करें।

और इस तरह अब उस दृढ़ इच्छा को पनपने दें जो आपको मंच पर पुकार रही है।

दृढ़ इच्छा का उदाहरण

पहले समझ लीजिए यह दृढ़ इच्छा क्या है ? यह इस कथा से स्पष्ट हो जाएगा—

एक व्यक्ति की पत्नी निरक्षर थी। पति चाहता था कि पत्नी चिट्ठी-पत्री, हिसाब-किताब आदि के लिए कुछ तो पढ़-लिख ले। पत्नी को इसकी जरूरत समझ नहीं आती थी। पति ने बहुत समझाया, मगर पत्नी नहीं मानी।

उनका बेटा सातवीं में पढ़ रहा था, उसने भी खूब कहा, लेकिन माँ ने नहीं माना।

पति दो माह के लिए बाहर गए। कोई कार्यालयीन काम था। इस बीच एक बेहद सुन्दर युवती घर आई। पत्नी ने शंकित भाव से पूछा, "आप कौन हैं ?"

आधुनिका बोली, "मैं आपके पति की मित्र हूँ। वह मेरे घर भी आया करते हैं। मैं उनके ही कार्यालय में काम करती हूँ।"

पत्नी ने दूसरा प्रश्न पूछा, "आपको मेरे पति से क्या काम है ?" आधुनिका ने बैग से एक लिफाफा निकालकर कहा, "यह पत्र उन्हें देना है। आप उनके ही हाथ में दें। यह लिफाफा और कोई न खोले।"

पत्नी के मन में हलचल मची। पता नहीं, यह कलमुँही कौन है ? उसके पति से उसका क्या रिश्ता है ? चिट्ठी पढ़ना तो वह जानती नहीं थी। किसी पड़ोसी से पढ़वा नहीं सकती थी। पता नहीं क्या लिखा होगा ? बदनामी का डर था।

बेटे से भी नहीं पढ़वा सकती थी, उसे अपने बाप की करतूत के बारे में पता चलेगा तो क्या सोचेगा ! उसकी छटपटाहट बढ़ती गई।

उसने बेटे से कहा, "बेटा तुम कहते थे न कि मुझे पढ़ा सकते हो। अब तुम मुझे पढ़ा दो।"

उसने पढ़ाना शुरू किया। वह घरेलू काम निबटाकर दो-तीन घंटे पढ़ने लगी। एक सप्ताह में अक्षर सीखे। दूसरे में शब्द। फिर तीसरे-चौथे सप्ताह में वाक्य। जब भरोसा हुआ कि पढ़ सकती है, तो बक्से से चिट्ठी निकालकर पढ़ने लगी। लिखा :

'प्रिय सौदामिनी ! तुमने पढ़ना सीख लिया...।'

आगे जो हुआ उसकी कल्पना कोई भी कर सकता है। पति लौटे। पत्नी ने पूछा, "तुमने यह चाल क्यों चली ?"

पति ने कहा, "क्या करता ? बीस साल से तुम्हें कह रहा था—पढ़ो-लिखो, पर तुमने कान ही न दिया।"

पत्नी बोली, "महीने भर में जानते हो मेरा कितना खून सूखा है ? मगर वह कलमुँही थी कौन ?"

पति बोले, "मेरे दोस्त की पत्नी है। कल दोनों भोजन करने अपने घर आएँगे।"

यह उदाहरण सिद्ध करता है कि उत्कट इच्छा किस प्रकार हमारी सुषुप्त शक्ति को जगाकर हमसे वह काम करवा लेती है जिसे करने की हिम्मत आमतौर पर हम नहीं करते।

अब्राहम लिंकन अमेरिका का श्रेष्ठ वक्ता था। लेकिन यह बाद की बात है। बचपन में वह एक गरीब किसान का बेटा था। उसने किसी का भाषण सुना। वह उससे इतना प्रभावित हुआ कि उसने संकल्प किया कि वह भी उतना ही अच्छा वक्ता बनेगा। उसने अभ्यास करना प्रारम्भ किया। पहले दर्पण के सामने खड़ा रहकर बोलने का अभ्यास किया। फिर निर्जीव वस्तुओं के सामने बोलने लगा। बाद में हमउम्र साथियों के सामने भाषण देने लगा। साथी हँसी उड़ाते, वह सहन करता। अपने आप पर काबू रखने का अभ्यास भी उसे करना ही था। हर स्थिति में धैर्य रखकर वह भाषण देने का अभ्यास करता रहा।

वह शहर जाकर मान्य वक्ताओं के भाषण सुनता। फिर उन्हीं भाषणों को अपनी शैली में ढालकर बोलता।

धीरे-धीरे वह अमेरिका का श्रेष्ठ वक्ता बन गया था। अपने ज्ञान को बढ़ाने के लिए वह पुस्तकें पढ़ा करता। वह कहता कि किशोरावस्था में एक-एक पुस्तक पढ़ने के लिए वह तीस-तीस मील पैदल चलता था।

भाषण में निरन्तर प्रगति

भाषण में निरन्तर प्रगति होती रहती है। हर वक्ता का नया भाषण अतीत के भाषण से बेहतर होता है। हाँ हर भाषाण पूरी तैयारी से दिया जाना उसकी अनिवार्य शर्त है। यह तय है कि हर अगले भाषण में पिछले भाषण से अधिक आत्मविश्वास झलकता है। इस तरह हम जितने अधिक भाषण देंगे, उतने ही अच्छे वक्ता बनते चले जाएँगे।

मैंने एक बार एक वक्ता को बहुत सुन्दर भाषण देते सुना था। उसे सुनकर

मैं स्वयं मन्त्रमुग्ध रह गया था। कुछेक दिनों बाद मैंने उस वक्ता से मिलकर बातों-बातों में पूछा कि वह इतना प्रभावशाली भाषण देने के लिए कैसी तैयारी करता है ?

वक्ता ने कहा, "जो भी कहना होता है, उसे सूत्र रूप में सोच लेता हूँ। सम्भव हुआ तो भाषण का रिहर्सल भी करता हूँ। परन्तु जिस भाषण के प्रति आप कह रहे हैं, वह मेरे विचार से साधारण ही था।" मैंने कहा, "नहीं उससे तो सभी श्रोता बहुत प्रभावित थे।"

वक्ता ने कहा, "मुझे आश्चर्य होता है कि आपने उस भाषण को कैसे अच्छा भाषण कहा है, जबकि मैं उसे सामान्य समझता रहा हूँ।"

जिस प्रकार हम भाषण को उच्च स्तरीय बनाते हैं, उसी प्रकार निम्न स्तरीय भी बना लेते हैं। परन्तु इसका पता श्रोताओं की प्रतिक्रिया से ही चलता है। कभी-कभी स्वयं वक्ता अपनी समीक्षा ठीक नहीं कर पाता। वक्ता की प्रगति का जितना श्रोताओं को अनुभव होता है, वक्ता को स्वयं नहीं होता। ऐसी प्रगति आश्चर्यजनक प्रगति कही जा सकती है। जनसमूह से भयभीत वक्ता जनसमूह की मानसिकता से अनभिज्ञ होता है।

यह हमेशा याद रखना चाहिए कि व्यक्ति का मनोविज्ञान समूह-मनोविज्ञान से भिन्न होता है। अकेला व्यक्ति जैसा सोच-विचार और जैसी प्रतिक्रिया किसी विशिष्ट व्यक्ति में करता है वैसी समूह में नहीं करता।

किसी ने ठीक कहा है कि समूह में व्यक्ति व्यक्ति न रहकर समूह का एक हिस्सा बन जाता है। वह वही सोचता है जो समूह सोचता है, वह वही करता है जो समूह करता है।

मनोवैज्ञानिक कहते हैं कि भीड़ में सिर तो अनेक होते हैं, लेकिन अक्ल किसी में नहीं होती।

यह देखा जाता है कि समूह में भावना का उद्रेक तुरन्त और संक्रमण सरलतापूर्वक होता है।

प्रसन्नता की स्थिति में समूह एक साथ तालियाँ बजाकर खुशी प्रकट कर देता है, नाराजी की स्थिति में वही समूह क्रुद्ध भीड़ का रूप भी ले लेता है। एक व्यक्ति के पत्थर फेंकते ही सभी उसका अनुसरण करने लगते हैं। कोई विचार नहीं करता।

तात्पर्य यह कि समूह को प्रभावित करना बहुत सरल है। समूह-मनोविज्ञान जाननेवाला वक्ता, समूह की इस कमजोरी का लाभ उठा सकता है। वक्ता समूह की इस कमजोरी को जान ले तो वह उससे भयभीत नहीं होगा।

विशाल जनसूमह को देखकर वक्ता को आत्मविश्वास नहीं खोना चाहिए। बोलने का तरीका छोटे और बड़े जनसूमह के लिए एक-सा होना चाहिए।

हमने एक वक्ता महोदय को घिसे-पिटे चुटकुले सुना-सुनाकर जनसमूह से प्रशंसा बटोरते देखा है। हास्य कवियों को भी कवि सम्मेलनों में स्तरहीन रचनाओं पर तालियाँ बजवा लेते देखकर समूह-मनोविज्ञान की बेचारगी ध्यान में आ जाती है।

कुछेक वक्ता विशाल जनसमूह के कारण अत्यधिक आह्लादित होकर कुछेक ऐसी समयस्फूर्त बातें अपने भाषण में कह जाते हैं जो उन्होंने भाषण की तैयारी के वक्त सोची ही न थी।

अच्छे वक्ता का विशाल श्रोता समूह प्रेरणादायक, आह्लादपूर्ण और प्रोत्साहन से भरपूर लगता है। जनसमूह के सामने बार-बार भाषण करने से झिझक और संकोच दूर हो जाता है।

अध्याय : नौ

मंच पर केन्द्र बनने के लिए आत्मप्रदर्शन

किसी ने ठीक कहा है कि "क्या कहने की अपेक्षा कैसे कहा जा रहा है यह श्रोताओं को आकर्षित कर वक्तृत्व की सफलता का कारण बनता है।"

साधारणतः दैनिक जीवन में भी हम यही पाते हैं कि व्यवहार के आकर्षक तौर-तरीके अधिक प्रभावकारी सिद्ध होते हैं। दो व्यक्तियों में समान बौद्धिक क्षमता होते हुए भी जिसका व्यक्तित्व आकर्षक होता है, वह जीवन के हर क्षेत्र में सफलता अर्जित कर लेता है।

व्यक्तित्व को आकर्षक बनाने के लिए वक्ता को अपने हाव-भाव, रंगरूप, वेशभूषा, व्यवहार और मानसिक गुणों की ओर ध्यान देना होगा।

व्यक्तित्व क्या है ?

व्यक्तित्व मनुष्य के उन गुणों की समग्रता से बनता है जो उसकी शारीरिक, आत्मिक एवं मानसिक विशिष्टताओं से युक्त हो। जो मनुष्य की प्रवृत्ति, स्वभाव, व्यवहार, अनुभव, प्रशिक्षण और उसके समस्त जीवन से प्रभावित हो।

व्यक्तित्व पर आनुवंशिकता और परिवेश का ऐसा प्रभाव होता है कि उसे बदलना भी कठिन होता है। फिर भी उसे आकर्षक और प्रभावशाली बनाया जा सकता है।

वक्ता के लिए व्यक्तित्व का सुन्दर प्रदर्शन करना बहुत-बहुत आवश्यक है।

वक्ता के मंच पर आते ही श्रोताओं में उत्साह की लहर दौड़ जानी चाहिए। वक्ता को मंच पर स्फूर्ति, जोश, ताजगी और शक्ति से भरा हुआ दिखना चाहिए।

हमारे पूर्व प्रधानमन्त्री जवाहरलाल नेहरू, इन्दिरा गांधी और अन्य नेताओं का यह व्यक्तित्व प्रदर्शन बड़ा हृदयहारी हुआ करता था। जवाहरलाल नेहरू मंच पर आँधी की तरह तेजी से आते तथा जनता को हाथ हिलाकर अभिवादन करते।

कभी तकिए से टिककर, बूढ़े व्यक्तियों की तरह झुककर नहीं बैठा करते थे। अक्सर तकिए के ऊपर ही बैठते। उनकी मंचीय उपस्थिति उन्हें अन्य उपस्थितों से श्रेष्ठतर सिद्ध कर देती।

वक्ता को मंच पर भाषण की पूरी तैयारी से आना चाहिए। श्रोताओं के आगे उदास, थकी-हारी और सुस्त मुद्रा लेकर आना ठीक नहीं होता।

आकर्षक वक्तृत्व

आकर्षक वक्तृत्व के लिए पिछले अध्यायों में विस्तार से कहा गया है। फिर भी वक्ता को भाषण में अपनी जीवन्तता, विविधता और विशिष्ट व्यक्तिगत प्रभाव प्रदर्शन करना ही चाहिए। विषय में जितनी ही वक्ता की रुचि होगी, उतनी ही अधिक उसकी वक्तृता आकर्षक और सफल होगी। विभिन्न तर्कों, उदाहरणों, तथ्यों और जानकारियों से भरा भाषण उसे श्रोताओं का शक्तिकेन्द्र साबित कर देगा। श्रोताओं को आकर्षित करने के लिए भाषण में जीवन्तता भरनी जरूरी है।

वक्ता के लिए दर्पण

हम जैसे होते हैं दर्पण में वैसे दिखाई देते हैं। ठीक यही सम्बन्ध वक्ता और श्रोता के बीच होता है। वक्ता मंच पर उदास और श्रोताओं के प्रति अरुचि दिखाता हुआ पहुँचेगा तो श्रोता उसके प्रति वही भाव प्रगट करेंगे। वे भी उसकी ओर उदासीन और अन्यमनस्क हो जाएँगे। वक्ता यदि डरा हुआ तथा आत्मविश्वासहीन होकर मंच पर आएगा तो श्रोता भी उसके विश्वास और आस्था नहीं दिखाएँगे। इसलिए श्रोता को मंच पर आत्मविश्वास से भरा हुआ दिखना होगा। मंच पर मुस्कराते हुए, उत्साह और ऊर्जा से सम्पन्न होकर उपस्थित होना, श्रोताओं को ताजगी से भर देगा। श्रोता भी वक्ता में पूरी रुचि लेंगे और उसके वक्तृत्व के प्रति अभीष्ट प्रतिक्रिया प्रकट करेंगे।

श्रोताओं के प्रति वक्ता का गर्मजोशी से भरा व्यवहार सारे परिवेश को अपनेपन से भर देगा।

वक्ता की वेशभूषा

अधिकतर वक्ता, विशेषकर राजनीतिक नेता श्रोताओं से अपना भावनात्मक सम्बन्ध जोड़ने को उनकी परम्परागत वेशभूषा धारण कर लेते हैं। निर्वाचन कार्यक्रमों में यह प्रायः देखा जाता है। इन्दिरा गांधी गुजरात, राजस्थान, महाराष्ट्र,

कर्नाटक या अन्य किसी प्रान्त विशेष में जब भी जातीं, अंशतः उसी प्रान्त-विशेष की वेशभूषा धारण कर लेतीं। वेशभूषा का अच्छा असर श्रोताओं पर होता देखा गया है।

वक्ता को श्रोताओं की-सी विशिष्ट पोशाक धारण करने की सलाह हम नहीं दे रहे, फिर भी पोषाक ऐसी होना चाहिए जो पहननेवाले को स्वयं सुरुचिपूर्ण लगे। जरूरत से ज्यादा तंग या ढीले कपड़े, मैले या मुड़े-तुड़े, बिना प्रेस किए कपड़े पहनने से वक्ता के मन में हीनता की भावना पैदा होती है।

वक्ता उसी ढंग से कपड़े पहने जो वह आमतौर पर पहनता है। वही परिधान ठीक रहेगा जो अपनी बेहतरीन डिज़ाइन और सफाई से किसी का भी मन आकर्षित कर ले और वक्ता के व्यक्तित्व में चार चाँद लगाए।

वक्ता के वस्त्रों का श्रोताओं पर अच्छा असर होना चाहिए। वेशभूषा सादगी और सुरुचि सम्पन्न हो, यह वक्ता को हमेशा स्मरण रखना चाहिए।

जूतों पर पालिश की होनी चाहिए। बाल ठीक प्रकार कंघी किए हों। प्रचार कार्य के लिए जाते एक वरिष्ठ नेता को मैंने हर सभा में जाने से पूर्व आध घंटे से एक घंटे तक का अन्तराल डालते देखा है। इस बीच वह हाथ-मुँह धोते। कपड़े बदलते। भाषण के सूत्र पढ़ते और 15-20 मिनट आराम करके, चाय, कॉफी या फलों का रस पीकर फिर अगली सभा में जाते। दिन-भर में चार सभाओं से अधिक में भाषण न देने का उनका नियम ही था।

मंच-व्यवस्था का लाभ

वक्ता को एक अत्यन्त उपयोगी रहस्य जरूर जान लेना चाहिए। मंच पर उसकी उपस्थिति, उसका प्रस्तुतीकरण और उसका योग्य स्थान पर बैठना भी श्रोताओं को प्रभावित करता है। मंच पर बैठते समय यह ध्यान रहे कि आपके शरीर का अधिकांश भाग श्रोताओं की दृष्टि से ओझल न हो। मंच पर अधिक लोग बैठे हों तो किसी की आड़ में आपका शरीर न छिपे। बोलने को खड़े हों तो ध्यान रहे कि आप पूरी तरह श्रोताओं को दिखाई पड़ रहे हों।

वक्ता के चेहरे पर अधिकाधिक प्रकाश पड़ना चाहिए। यह कार्य वस्तुतः आयोजकों का है। फिर भी वक्ता को उस स्थान पर खड़े रहकर बोलना चाहिए जहाँ प्राकश उस पर पूरी तरह पड़ता हो। हाव-भाव, आन्तरिक शक्तियों का प्रभाव, शरीर-संचालन, सम्पूर्ण व्यक्तित्व और भाषण का उत्तम असर डालने के लिए स्वयं को अँधेरे में खड़ा करना ठीक नहीं।

श्रोताओं की अनुचित प्रतिक्रिया

एक बार मंच पर एक व्यक्ति ऐसा उपस्थित हुआ जिसने महाराष्ट्र के महान सन्त गाड़गे महाराज की-सी वेशभूषा धारण की थी। फटे कपड़े, जगह-जगह थेगली। नंगे पैर। जब वह मंच पर आकर बैठे तो श्रोता चिल्लाने लगे, 'अरे किसे पकड़ लाए हो यार ? ये तो चौक में भीख माँगनेवाला लगता है। लेकिन भिखारी लगते उस व्यक्ति ने भाषण दिया तो सभी उनसे प्रभावित हुए। जाते-जाते उन्होंने सन्देश दिया :

सबका धर्म एक है।
सबका ईश्वर एक है।
हम सब भाई-भाई हैं।

उनके विदा होने के कई वर्षों बाद, आज भी उस शहर में किसी कार्यक्रम के अन्त में यही सन्देश दुहराया जाता है। वेशभूषा ठीक न हो और वक्ता कुशल हो, तब भी श्रोता प्रभावित हुए बिना नहीं रहते। यह भी हो सकता है कि प्रभावशाली वेशभूषा और आकर्षक व्यक्तित्ववाले वक्ता को देखकर श्रोता उसके प्रति प्रशंसा से भर उठें। बिना भाषण सुने जब श्रोताओं की ऐसी प्रतिक्रिया हो सकती है तो वक्ता को श्रोताओं की इस मानसिकता का अवश्य लाभ उठाना चाहिए।

मंच पर वक्ता

आचार्य रजनीश विख्यात वक्ता थे। देश-विदेश में उनके तर्कपूर्ण दार्शनिक भाषणों की धूम मची रहती। आज भी उनके रिकॉर्ड किए भाषण बाजार में उपलब्ध हैं।

रजनीश के भाषण सुननेवालों ने देखा होगा कि मंच पर वह हमेशा अकेले होते थे। उनके आस-पास किसी को बैठने नहीं दिया जाता था। मंच पर वक्ता की श्रेष्ठतम उपस्थिति उसके अकेले होने से ही सम्भव है।

अक्सर यह देखा जाता है कि अन्य लोग भी मंच पर हों तो उनकी शारीरिक क्रियाएँ श्रोताओं का ध्यान आकर्षित करती हैं। ऐसे में वक्ता की उपस्थिति गौण होने लगती है। साथ में बैठे लोग यदि ज्यादा हरकत करनेवाले हों तो वे वक्ता की उपस्थिति को नगण्य बना देते हैं। वक्ता के अच्छे प्रभाव के लिए मंच पर उसकी उपस्थिति एकाकी ही बेहतर होती है।

मंच पर उठने-बैठने के तरीके

रामचरितमानस में शिव धनुर्भंजन का प्रसंग है। गुरु की आज्ञा पाकर राम मंच पर जाने के लिए खड़े होते हैं। सबकी दृष्टि के केन्द्र राम जब खड़े होते हैं तो कवि का उद्गार है :

उदित उदय गिरि मंच पर रघुबर बाल पतंग।
बिकसे सन्त सरोज सब हरषे लोचन भृंग ॥

राम अपने सहज स्वभाव से इस धज से खड़े हुए कि उस धज से जवान सिंह भी लजा जाए।

मंच रूपी उदयाचल पर राम रूपी बाल सूर्य के उदय होते ही सब सन्त रूपी कमल खिल उठे और नेत्र रूपी भौंरे हर्षित हो गए।

रामचरितमानस का यह प्रसंग मंच पर खड़े वक्ता के लिए स्मरणीय है। मंच पर खड़े होते ही श्रोताओं को वक्ता की छवि में किसी युवा सिंह की बानगी के दर्शन होने चाहिए। खड़े होने के ढंग से ही वक्ता की धीरता, दृढ़ता और आत्मनियन्त्रण प्रगट होने लगता है।

जैसे ही वक्ता से भाषण देने को कहा जाए, उसे अत्यन्त धैर्य से माइक के पास जाना चाहिए। कोई हड़बड़ी नहीं दिखानी चाहिए। श्रोता आपस में बातें कर रहे हों या शोरगुल हो रहा हो तो भाषण प्रारम्भ नहीं करना चाहिए। कुछ समय ठहरकर शान्ति की प्रतीक्षा करनी चाहिए।

भाषण देते समय खड़े होने की मुद्रा में ढीली-ढाली रखना ठीक नहीं है। सीधे और तने रहकर ही भाषण देने को खड़े होना चाहिए।

दोनों हाथ ढीले छोड़ देने चाहिए। कुछ लोग दोनों हाथों के प्रति ऐसे समय बहुत सजग हो उठते हैं। कभी पीछे, कभी कमर पर, कभी सामने हाथ रखकर इतनी मुद्राएँ बदलते हैं कि देखनेवालों हँसी आ जाती है। हाथों को व्यर्थ न हिलाकर उनके प्रति सोचना बन्द कर देना चाहिए। हाथों को जेब में रखना है तो वैसे ही रहने दें। भाषण अपने प्रवाह में आ जाएगा तो वे स्वयं भावावेग में बाहर आ जाएँगे।

भाषण देते समय बार-बार कोट या शर्ट के बटन को घुमाते रहना, कान या नाक खुजलाना या दोनों हाथों को परस्पर मलना जैसी क्रियाएँ मंच पर विचित्र लगती हैं।

भाषाण देते समय मुद्राएँ

स्मरण रहे कि मुख मुद्रा एवं शारीरिक हलचल स्वाभाविक हों, वक्तव्य के भाव

एवं विचारानुसार हों, कृत्रिम न लगें तो भाषण को अधिकाधिक प्रभावशाली बना देते हैं। भाषण देते समय भावोद्रेक के साथ सहज रूप में हाथ और उँगलियों को हिलना तथा अंग संचालन भाषण को आकर्षक बना देता है। पिछले अध्याय में हम बता चुके हैं कि आकर्षक अंग संचालन के लिए दर्पण की मदद लेकर रिहर्सल किया जाना चाहिए।

मंच पर वक्ता को संयत प्रकार से अपने हाव-भाव, मुद्राओं और शारीरिक हलचलों को प्रस्तुत करना चाहिए। श्रोताओं के प्रति अपनापन जताकर मुस्कराते रहना चाहिए। 'प्यार प्यार को पाता है; घृणा घृणा को' यह सिद्धान्त वक्ता को याद रखना चाहिए।

श्रोताओं को स्नेह की दृष्टि से देखिए, जिसमें गहरा अपनापन, उत्साह और ऊर्जा भरी हो।

मंच पर किसी भी रूप में घबराहट, उदासी या मुसीबत में फँसने जैसा भाव प्रगट नहीं होना चाहिए।

श्रोताओं को देखकर हर्षित होते हुए और बन्धु-भाव से भर जाना चाहिए। जिस ढंग से आप उन्हें देखेंगे, उसी ढंग से वे भी आपको देखेंगे।

अध्याय : दस

भाषा से सम्बद्ध साधन

भाषण के प्राण भाषा रूपी शरीर में बहते हैं। इसी भाषा के माध्यम से भाषण रूपायित होता है। वक्ता अपनी और श्रोताओं की योग्यता का ध्यान रखकर ही सहज प्रवाहमयी भाषा का उपयोग कर सकता है।

भाषण में मुहावरेदार, सहज और भाव सम्प्रेषणवाली भाषा का प्रयोग होना चाहिए। श्रोताओं की योग्यतानुसार भाषा का रूप परिवर्तन होना चाहिए। कम पढ़े लोगों में संस्कृतनिष्ठ तत्सम शब्दोंवाली, गहन-गम्भीर भाववाही भाषा का कोई उपयोग ठीक न होगा। भाषा वही सुन्दर होती है जिसे श्रोता अपने अनुरूप समझें। कई नेता गँवई श्रोताओं के सामने उनकी ही भाषा में बोलकर अपना उल्लू सीधा करते हैं। श्रोता उन्हें अपने बीच का आम आदमी समझ लेते हैं। श्रोताओं की सरलता को भुनानेवाले चतुर नेता इसी भाषा परिवर्तन का सहारा लेते हैं।

जहाँ तक हमारा मत है भाषा का रूप सुन्दर, श्रवणीय, भाव तथा विचारों के अनुरूप होना चाहिए। बोलचाल की भाषा में भी कई आकर्षक शब्द और मुहावरे कहावतें आदि प्रचलित हैं। इनका असर श्रोता पर शाश्वत सत्य की तरह होता है।

गलत भाषा का प्रयोग न करें

हमने एक प्रवचनकर्ता माताजी का भाषण सुना है। वह बोलते-बोलते अंग्रेजी के गलत वाक्यों या शब्दों का प्रयोग बड़े फर्राटे से कर लेती हैं। यथा—'नो बडी केअर', 'ऐसा आदमी नपुंसक कहलाता है यानी फ्रिजिड' और इसी प्रकार अपने अधकचरे ज्ञान का प्रभाव डालती हैं। श्रोताओं में जो यह जान जाते हैं कि प्रवचन में अध्यात्म कम और भौतिकता अधिक है, वे आना बन्द कर देते हैं।

हमारे प्रधानमन्त्री अटलबिहारी बाजपेयी सामान्य श्रोताओं के लिए भी स्पष्ट, शुद्ध तत्सम एवं तद्भव शब्दों से युक्त हिन्दी भाषा का कर्णमधुर, मोहक रूप प्रगट

करते हैं। यह वक्ताओं के लिए अनुकरणीय है।

शब्दों का उच्चारण शुद्ध होना चाहिए। यह अनिवार्य है। वाक्य छोटे-छोटे हों या लम्बे, वक्ता स्वयं निर्णय करें। छोटे-छोटे वाक्य समझने, सुनने और बोलने में सरल होते हैं।

भाषण को प्रभावशाली बनाने के लिए उसे मनोरंजक भी बनाना होता है। इसलिए मनोरंजक प्रसंग, कथा या कविता का प्रयोग एकदम प्रारम्भ में प्रस्तावना करते समय नहीं किया जा सकता। एक कवि सम्मेलन में कवि और कविता का समाजोपयोगी रूप प्रगट करने के लिए मैंने इस कथा से प्रारम्भ किया :

''जापान में एक कवि हुए हैं लाचिह्न। उन्होंने सोचा कि उनका कविता संग्रह प्रकाशित हो जाए, लेकिन कोई प्रकाशक नहीं मिला। बहुत कोशिश की। हारकर तय किया, क्यों न स्वयं ही धन एकत्र करके अपना काव्य-संग्रह प्रकाशित करें ! उन्होंने धन एकत्र करना शुरू भी कर दिया। संग्रह प्रकाशन होने लायक धन एकत्र हुआ ही था कि जापान में भूकम्प आ गया। वह एकत्र धन उन्होंने 'भूकम्प राहतकोष' में दान कर दिया। सोचा—काव्य-संग्रह फिर कभी प्रकाशित हो जाएगा। भूकम्प के बाद वह धन जमा करते रहे। अगली बार काव्य-संग्रह प्रेस में देना ही था कि जापान के तटीय हिस्सों पर भयंकर आँधी और वातचक्रों का प्रकोप हुआ। लाखों लोग बेघरबार हो गए।

कवि ने काव्य-संग्रह प्रकाशित करने के लिए एकत्र की धनराशि फिर पीड़ित लोगों की राहत के लिए दान कर दी।

चार-पाँच वर्ष फिर धन एकत्र करने में बीत गए। इस बार फिर काव्य-संग्रह नहीं निकल पाया। जापान में भयंकर वर्षा हो गई। कवि ने तीसरी बार एकत्र राशि दान कर दी।

फिर वही सिलिसला चला। काव्य-संग्रह प्रकाशित करने की उनकी इच्छा चौथी बार के प्रयास में पूरी हो रही थी।

काव्य-संग्रह की भूमिका में उन्होंने लिखा, ''यह मेरे काव्य-संग्रह का चौथा संस्करण है। पहले तीन संस्करण भूकम्प, जलप्लावन और वातचक्र के समय निकल चुके हैं।''

कविता का उद्‌देश्य जन-कल्याण, जन-रंजन, जन-रक्षण हुआ करता है। इन उद्‌देश्यों की पूर्ति करनेवाला हर कर्म कविता है।

ऐसा कहकर मैंने कवि और कविता का उद्‌देश्य अत्यन्त मनोरंजक ढंग से प्रगट कर दिया। कवि के महत्त्व को दर्शाने के लिए कुछेक उदाहरण और दिए : ''इसीलिए समाज में सदियों से कवि का स्थान आदरणीय है। समाज में कविता

को धर्म और सद्भाव की 'प्रत्युत्पन्न मति' कहते हैं। राजा भोज उस व्यक्ति को अपनी धारानगरी में रहने की जगह नहीं देता था जो थोड़ी-बहुत कविता न करता हो। राजा इन कवियों की महत्ता से अच्छी तरह परिचित थे। इसलिए राजा छत्रसाल ने कवि भूषण की पालकी को कन्धा लगाया था। इसी कवि भूषण को वीर शिवाजी ने हाथी के तौल के बराबर स्वर्ण मुद्राएँ दी थीं।

''आज का भारत कविवर तुलसीदास की बनाई आचारसंहिता पर चलता है। मर्यादा पुरुषोत्तम राम के रूप को हृदय में बसाता है। कबीर, मलिक मुहम्मद जायसी, रसखान, सूरदास, ठाकुर, बोधा, दादू, उस्मान, मंझन जैसे कवियों ने तो इस देश को सप्तरंगी संस्कृति प्रदान की है। किसी भी कवि ने आज तक हमें परस्पर घृणा और द्वेष नहीं सिखाया। सबने हमारे आँचल को अपने अमर भाव-पुष्पों से भर दिया। वे तो चले गए, परन्तु हमें और आनेवाली दुनिया को अपनी अमर गन्ध से हमेशा के लिए सुगन्धित कर गए।

मजहब नहीं सिखता आपस में बैर रखना
हिन्दी हैं हम, वतन है हिन्दोस्ताँ हमारा।

यह सन्देश ही हमारे इस कवि सम्मेलन को अनुप्राणित करे और यह रसवर्षण हमारे शहर की स्मृति में चिरस्थायी हो। मैं इस कवि सम्मेलन के प्रति अपनी शुभकामना व्यक्त करता हूँ। धन्यवाद !''

इस प्रकार, भाषण में सभी अंगों का निर्वाह हो जाता है। इससे विषय सरलतापूर्वक समझ में आ जाता है। उदाहरण देने से मनोरंजन का तत्त्व भी समाहित हो जाता है। श्रोताओं को ऐसी कथाएँ कभी नहीं भूलतीं।

कथा से भाषण का प्रारम्भ श्रोताओं का ध्यान शीघ्र ही आकर्षित कर लेता है। भाषण में कभी भी शुष्क और पारिभाषिक शब्दों का प्रयोग नहीं करना चाहिए। चौंकानेवाले तथ्य, तर्कसम्मत कथन, मनोरंजन घटनाएँ और श्रोताओं के हित की बातें होनी चाहिए। यह एक कठोर सत्य है कि मनुष्य को अपने हित की बातें ही पसन्द आती हैं। अपने बारे में ही बोलनेवाले असफल माने जाते हैं।

श्रोताओं के हित की बातें करें। उनसे सम्बन्धित प्रश्नों के सुलझाव की बातें करें। श्रोताओं की उत्सुकता जगानेवाली बातें करें।

भाषण के अन्त में सम्पूर्ण भाषण का सार प्रगट करें। इसके लिए 'सारगर्भित-भाषण' के मुद्दे दुहराएँ, ताकि श्रोताओं को पूरा भाषण स्मरण हो जाए। उन्हें किसी ठोस कार्य को करने की प्रेरणा दें। कोई सन्देश अवश्य दें। भाषण के अन्त में भाषण के उद्देश्य को स्पष्ट करने के लिए किसी जोशीली कविता की पंक्तियाँ सुनाएँ। वर्तमान व्यवस्था की परिवर्तनकामी कवि दुष्यन्त कुमार की ये पंक्तियाँ

विषयानुरूप पढ़ी जा सकती हैं :

हो गई है पीर पर्वत-सी पिघलनी चाहिए
इस हिमालय से कोई गंगा निकलनी चाहिए।

आज यह दीवार, परदों की तरह हिलने लगी
शर्त लेकिन थी कि ये बुनियाद हिलनी चाहिए।

सिर्फ हंगामा खड़ा करना मेरा मकसद नहीं
मेरी कोशिश है कि ये सूरत बदलनी चाहिए।

मेरे सीने में नहीं तो तेरे सीने में सही
हो कहीं भी आग, लेकिन आग जलनी चाहिए।

इस प्रकार हिन्दी और उर्दू भाषा में विषय से सम्बद्ध अनेक प्रसंग, कथाएँ और कविताएँ प्राप्त हो सकती हैं। भाषा की इन विभिन्न विधाओं का भाषण में प्रयोग करने के लिए अपने पठन-पाठन और जानकारी में दिन-प्रतिदिन इजाफा करते चलिए। भवानीप्रसाद मिश्र की कविता है—

कुछ लिखके सो
कुछ पढ़के सो;
कल जहाँ तक था
उससे आगे बढ़के सो !

भाषण-विधा पर आपके ज्ञान, भावना, विचार और संवेदनशीलता ही नहीं, आपके सम्पूर्ण व्यक्तित्व का प्रभाव होता है। आपको एक वक्ता के रूप में महारत हासिल हो सके, इसके लिए स्वयं इन निर्देशों का पालन करना होगा। अधिकाधिक प्रयास करने होंगे। अपने भीतर आत्मविश्वास, दृढ़संकल्प और गहरी आस्था जगाएँ और प्रयास करें। वक्तृत्व शक्ति का विकास, व्यक्तित्व विकास का ही प्रतिरूप है।

●●●